話說先秦！諸子百家與史記
之間的學術論辯

傅斯年 著

傅斯年的

春秋策

先秦諸子與史記評述

◎探討戰國時期的各哲學派系及其思想
◎論述孔子、孟子、荀子的倫理與政治理論
◎研究古代文獻《史記》及其對後世的影響
◎分析儒、墨、道家等學派的基本觀點與爭議

透過對各學派的分析，揭開中國古代哲學的發展脈絡

U0078355

目錄

上篇　戰國子家，縱橫捭闔

哲學乃語言之副產品 …………………………… 006

諸子天人論導源 ……………………………… 009

春秋戰國之際為什麼諸家並興 ……………… 015

戰國諸子除墨子外皆出於職業 ……………… 019

止有儒墨為有組織之宗派 …………………… 026

儒為諸子之前驅，亦為諸子之後殿 ………… 029

戰國諸子之地方性 …………………………… 031

《非十二子》 ………………………………… 045

春秋時代之矛盾性與孔子 …………………… 048

孟子之性善論及其性命一貫之見解 ………… 056

荀子之性惡論及其天道觀 …………………… 069

墨家之反儒學 ………………………………… 083

墨子之非命論 ………………………………… 090

老子五千言之作者及宗旨 …………………… 102

所謂「雜家」 ………………………………… 126

祥之重興與五行說之盛 ……………………… 128

梁朝與稷下 …………………………………………… 128

齊晉兩派政論 ………………………………………… 131

戰國文籍中之篇式書體 ……………………………… 144

預述周漢子家銜接之義 ……………………………… 153

下篇　史家絕唱，博古通今

《史記》研究參考品類 ……………………………… 156

老子申韓列傳第三 …………………………………… 175

十篇有錄無書說敘 …………………………………… 184

論太史公書之卓越 …………………………………… 188

論司馬子長非古史學乃今史學家 …………………… 189

手批「史記」(全文周法高輯錄) ………………… 190

與頡剛論古史 ………………………………………… 199

上篇
戰國子家，縱橫捭闔

哲學乃語言之副產品

世界上古往今來最以哲學著名者有三個民族：一、印度之亞利安人；二、希臘；三、德意志。這三個民族有一個共同點，就是在他的文化忽然極高的時候，他的語言還不失印度日耳曼系語言之早年的煩瑣形質。思想既以文化提高了，而語言之原形猶在，語言又是和思想分不開的，於是乎繁豐的抽象思想，不知不覺的受他的語言之支配，而一經自己感覺到這一層，遂為若干特殊語言的形質作玄學的解釋了。

以前有人以為亞利安人是開闢印度文明的，希臘人是開闢地中海北岸文明的，這完全是大錯而特錯。亞利安人走到印度時，他的文化，比土著半黑色的人低，他吸收了土著的文明而更增高若干級。

希臘人在歐洲東南也是這樣，即地中海北岸賽米提各族人留居地也比希臘文明古得多多，野蠻人一旦進於文化，思想擴張了，而語言猶昔，於是乎憑藉他們語言的特別質而出之思想當作妙道玄理了。

今試讀漢語翻譯之佛典，自求會悟，有些語句簡直莫名其妙，然而一旦做些梵文的工夫，可以化艱深為平易，化牽強為自然，豈不是那樣的思想很受那樣的語言支配嗎？希臘語言之支配哲學，前人已多論列，現在姑舉一例：亞里斯多德所謂十個範疇者，後人對之有無窮的疏論，然這都是希臘語法上的問題，希臘語正供給我們這麼些觀念，離希臘語而談範疇，則範疇斷不能是這樣子了。

其餘如柏拉圖的辯論，亞里斯多德的分析，所謂哲學，都是一往彌深的希臘話。且少談古代的例，但論近代。德意志民族中出來最有聲聞的哲人是康德，此君最有聲聞的書是「純理評論」。這部書所談的不是一往彌

深的德國話嗎？這部書有法子翻譯嗎？英文中譯本有二：一、出馬克斯謬
韌手，他是大語言學家；一、出麥克爾江，那是很信實的翻譯。

然而他們的翻譯都有時而窮，遇到好些名詞須以不譯了之。而專治康
德學者，還要諄諄勸人翻譯不可用，只有原文才信實；異國雜學的註釋不
可取，只有本國語言之標準義疏始可信。哲學應是邏輯的思想，邏輯的思
想應是不侷促於某一種語言的，應是和算學一樣的容易翻譯，或者說不待
翻譯，然而適得其反，完全不能翻譯。則這些哲學受他們所由產生之語言
之支配，又有甚麼疑惑呢？

即如 dingallsich 一詞，漢語固不能譯他，即英文譯了亦不像；然在德
文中，則 ansich 本是常語，故此名詞初不奇怪。又如最通常的動詞，如
sain 及 werden，及與這一類的希臘字曾經在哲學上作了多少祟，習玄論者
所共見。又如戴卡氏之妙語「cogitoergosum」，翻譯成英語已不像話，翻
成漢語更做不到。算學思想，則雖以中華與歐洲語言之大異，而能渙然轉
譯；哲學思想，則雖以英德語言之不過方言差別，而不能翻譯。則哲學之
為語言的副產物，似乎不待繁證即可明白了。

印度日耳曼族語之特別形質，例如主受之分，因致之別，過去及未
來，已完及不滿，質之與量，體之與抽，以及各種把動詞變作名詞的方
式，不特略習梵文或希臘文方知道，便是略習德語也就感覺到這麼煩。這
些麻煩便是看來「彷彿很嚴重」的哲學分析之母。

漢語在邏輯的意義上，是世界上最進化的語言（參看葉斯波森著各
書），失掉了一切語法上的煩難，而以句敘（syntax）求接近邏輯的要求。
並且是一個實事求是的語言，不富於抽象的名詞，而抽象的觀念，凡有實
在可指者，也能設法表達出來。文法上既沒有那麼多的無意識，名詞上又
沒有那麼多的玄虛，則哲學斷難在這個憑藉發生，是很自然的了。

「斐洛蘇非」，譯言愛智之義，試以西洋所謂愛智之學中包有各問題與戰國秦漢諸子比，乃至下及魏晉名家宋明理學比，像蘇格拉底那樣的愛智論，諸子以及宋明理學是有的；像伯拉圖所舉的問題，中土至多不過有一部分，或不及半；像亞里斯多德那樣竟全沒有；像近代的學院哲學自戴卡以至康德各宗門，一個動詞分析到微茫，一個名詞之語尾變化牽成溥論（如 causality 觀念之受 iustrumental 或 ablative 字位觀念而生者），在中土更毫無影響了。

拿諸子名家理學各題目與希臘和西洋近代哲學各題目比，不相干者如彼之多，相干者如此之少，則知漢士思想中原無嚴意的斐洛蘇非一科，「中國哲學」一個名詞本是日本人的賤製品，明季譯拉丁文之高賢不曾有此，後來直到嚴幾道、馬相伯先生兄弟亦不曾有此，我們為求認識世事之真，能不排斥這個日本賤貨嗎？

那末，周秦漢諸子是些什麼？答曰：他們是些方術家。自《莊子‧天下篇》至《淮南鴻烈》，枚乘七發皆如此稱，這是他們自己稱自己的名詞，猶之乎西洋之愛智者自己稱自己為斐洛蘇非。這是括稱，若分言，則戰國子家約有三類人：

一、宗教家及獨行之士；

二、政治論者；

三、「清客」式之辯士。

例如墨家大體上屬於第一類的，儒者是介於一二之間的，管晏申韓商老是屬於第二類的，其他如惠施莊周鄒衍慎到公孫龍等是侯王朝廷公子卿大夫家所蓄養之清客，作為辯談以悅其「府主」的。這正合於十七八世紀西歐洲的樣子，一切著文之人，靠朝廷風尚，貴族栽培的，也又有些大放

其理想之論於民間的。這些物事，在西洋皆不能算作嚴格意義下之哲學，為什麼我們反去借來一個不相干的名詞，加在些不相干的古代中國人們身上呀？

諸子天人論導源

古史者，劫灰中之燼餘也。據此燼餘，若干輪廓有時可以推知，然其不可知者亦多矣。以不知為不有，以或然為必然，既遠邏輯之戒律，又蔽事實之概觀，誠不可以為術也。

今日固當據可知者盡力推至邏輯所容許之極度，然若以或然為必然，則自陷矣。即以殷商史料言之，假如洹上之跡深埋地下，文字器物不出土中，則十年前流行之說，如「殷文化甚低」，「尚在遊牧時代」，「或不脫石器時代」，「殷本紀世系為虛造」等等見解，在今日容猶在暢行中，持論者雖無以自明，反對者亦無術在正面指示其非是。

差幸今日可略知「周因於殷禮」者如何，則「殷因於夏禮」者，不特不能斷其必無，且更當以殷之可借考古學自「神話」中入於歷史為例，設定其為必有矣。

夏代之政治社會已演進至如何階段，非本文所能試論，然夏后氏一代之必然存在，其文化必頗高，而為殷人所承之諸系文化最要一脈，則可就殷商文化之高度而推知之。

殷商文化今日可據遺物遺文推知者，不特不得謂之原始，且不得謂之單純，乃集合若干文化系以成者，故其前必有甚廣甚久之背景可知也。即以文字論，中國古文字之最早發端容許不在中土，然能身初步符號進至甲

骨文字中之六書具備系統，而適應於諸夏語言之用，決非二三百年所能達也。

以銅器論，青銅器製造之最早發端固無理由加之中土，然製作程度與數量能如殷墟所表見者，必在中國境內有長期之演進，然後大量銅錫礦石來源之路線得以開發，資料得以積聚，技術及本地色彩得以演進，此又非短期所能至也。

此兩者最易為人覺其導源西方，猶且如是，然則殷墟文化之前身，必在中國東西地方發展若干世紀，始能有此大觀，可以無疑。因其事事物物皆表見明確的中國色彩，絕不與西方者混淆，知其在神州土上演化長久矣。

殷墟文化系之發見與分析，足徵殷商以前在中國必有不止一個之高階文化，經若干世紀之演進而為殷商文化吸收之。殷墟時代二百餘年中，其文字與器物與墓葬之結構，均無顯然變易之痕跡，大體上可謂為靜止時代。前此固應有急遽變轉之時代，亦應有靜止之時代。

以由殷商至春秋演進之速度比擬之，殷商時代以前（本書中言「殷商」者，指在殷之商而言，即商代之後半也。上下文均如此），黃河流域及其鄰近地帶中，不止一系之高階文化，必有若干世紀之歷史，縱逾千年，亦非怪事也。（或以為夏代器物今日無一事可指實者，然夏代都邑，今日固未遇見，亦未為有系統之搜求。即如殷商之前身蒙亳，本所亦曾試求之於曹縣商丘間，所見皆茫茫沖積地，至今未得絲毫線索。然其必有，必為殷商直接承受者，則無可疑也。

殷墟之發見，亦因其地勢較高，未遭衝埋，既非大平原中之低地，亦非山原中之低谷，故易出現。本所調查之遺址雖有數百處，若以北方全體

論之，則亦太山之一丘垤也。又，古文字之用處，未必各處各時各階級一致。設若殷人不用其文字於甲骨銅器上，而但用於易於消毀之資料上，則今日徒聞「殷人有冊有典」一語耳。）且就組成殷商文化之分子言之，或者殷商統治階級之固有文化乃是各分子中最低者之一，其先進於禮樂者，轉為商人征服，落在政治中下層。（說見「夷夏東西說」，「新獲卜辭寫本後記跋」等。）商代統治者，以其武力鞭策宇內，而失其政治獨立之先進人士，則負荷文化事業於百僚眾庶之間。多士云「殷革夏命……夏迪簡在王庭，有服在百僚」，斯此解之明證矣。

周革殷命，殷多士集於大邑東國雒，此中「商之孫子」固不少，亦當有其他族類，本為商朝所臣服者，周朝若無此一套官僚臣工，即無以繼承殷代王朝之體統、維持政治之結構。此輩人士介於奴隸與自由人之間，其幸運者可為統治階級之助手，其不幸者則夷人皂隸之等，既不與周王室同其立場，自不必與之同其信仰。

周初王公固以為周得天命有應得之道，殷喪天命亦有其應失之道，在此輩則吾恐多數不如此想，否則周公無須如彼曉曉也。此輩在周之鼎盛，安分懾服，駿臣新主而已。然既熟聞治亂之故實，備嘗人生之滋味，一方不負政治之責任，一方不為貴族之廝養，潛伏則能思，憂患乃多慮，其文化程度固比統治者為先進，其鑑觀興亡禍福之思想，自比周室王公為多也。

先於孔子之聞人為史佚，春秋時人之視史佚，猶戰國時之視孔子。史佚之家世雖不可詳，要當為此一輩人，決非周之懿親。其時代當為成王時，不當為文王時，則以洛誥知之。洛誥之「作冊逸」，必即史佚，作冊固為眾史中一要職，逸佚則古通用。

　　《左傳》及他書稱史佚語，今固不可盡信其為史佚書，然後人既以識興亡禍福之道稱之，以治事立身之雅辭歸之，其聲望儼如孔子，其書式儼如五千文之格言體，其哲學則皆是世事智慧，其命義則為後世自宋國出之墨家所宗，則此君自是西周「知識階級」之代表，彼時如有可稱為「知識階級」者，必即為「士」中之一類無疑也。

　　（按：史佚之書〔其中大多當為託名史佚者〕引於《左傳》、《國語》、《墨子》者甚多，皆無以徵其年代，可徵年代者僅洛誥一事。《逸周書》克殷世俘兩篇記史佚〔亦作史逸〕躬與殺紂之役，似為文武時之大臣。夫在文武時為大臣，在成王成年反為周公之作冊〔當時之作冊職略如今之秘書〕，無是理也。《逸周書》此數篇雖每為後人所引，其言辭實荒誕之至，至早亦不過戰國時人據傳說以成之書，不得以此掩洛誥。至於大小戴記所言，〔保傳篇，曾子問篇〕，乃漢人書，更不足憑矣。《論語·微子篇》，孔子稱逸民，以夷逸與伯夷、叔齊、虞仲、朱張、柳下惠、少連並舉。意者夷逸即史佚，柳下惠非不仕者，故史佚雖仕為周公之作冊，仍是不在其位之人，猶得稱逸士也。孔子謂「虞仲夷逸隱居放言，身中清，廢中權」，果此夷逸即史佚，則史佚當是在作冊後未嘗復進。終乃退身隱居，後人傳其話言甚多，其言旨又放達，不同習見也。「身中清」者，立身不失其為清，孟子之所以稱伯夷也，「廢中權」者，廢法也，「法中權」猶云論法則以權衡折中之，蓋依時勢之變為權衡也。凡此情景，皆與《左傳》、《國語》所引史佚之詞合。果史逸即夷逸一說不誤。則史佚當為出於東夷之人，或者周公東徵，得之以佐文獻之掌，後乃復廢，而名滿天下，遂為東周談掌故論治道者所祖述焉。）

　　當西周之盛，王庭中潛伏此一種人，上承虞夏商殷文化之統，下為後來文化轉變思想發展之種子。然其在王業赫赫之日，此輩人固無任何開新

風氣之作用，平日不過為王朝守文備獻，至多為王朝增助文華而已。迨王綱不振，此輩人之地位乃漸漸提高。暨宗周既滅，此輩乃散往列國，「辛有入晉，司馬適秦，史角在魯」（汪容甫語），皆其例也。於是昔日之伏而不出，潛而不用者，乃得發揚之機會，而異說紛紜矣。天人論之岐出，其一大端也。

東周之天命說，大略有下列五種趨勢，其源似多為西周所有，莊子所謂「古之道術有在於是者」也。若其詞說之豐長，陳義之蔓衍，自為後人之事。今固不當以一義之既展與其立說之胎質作為一事，亦不便徒見後來之發展，遂以為古者並其本根亦無之。凡此五種趨勢，一曰命定論，二曰命正論，三曰俟命論，四曰命運論，五曰非命論，分疏如下。

命定論者，以天命為固定，不可改易者也。此等理解，在民間能成牢固不可破之信念，在學人口中實不易為之辯護。逮炎漢既興，民智復昧，諸子衰息，迷信盛行，然後此說盛傳於文籍中。春秋時最足以代表此說者，如《左傳》宣三年王孫滿對楚子語：

成王定鼎於郟鄏，卜世三十，卜年七百，天所命也。周德雖衰，天命未改。鼎之輕重，未可問也。

此說之根源自在人民信念中，後世所謂《商書‧西伯戡黎篇》載王紂語曰，「嗚呼我生不有命在天」。此雖非真商書，此說則當是自昔流傳者。《周誥》中力闢者，即此天命不改易之說。此說如不在當時盛行，而為商人思戀故國之助，則周公無所用其如是之喋喋也。

命正論者，謂天眷無常，依人之行事以降禍福，《周誥》中周公召公所諄諄言之者，皆此義也。此說既為周朝立國之實訓，在後世自當得承信之人。《左傳》、《國語》多記此派思想之詞，舉例如下：

季梁……對曰，「夫民，神之主也，是以聖王先成民而後致力於神。」（桓六年）宮之奇……對曰，「臣聞之，鬼神非人實親，惟德是依。故《周書》曰『皇天無親，惟德是輔。』又曰『黍稷非馨，明德惟馨。』又曰，『民不易物，惟德繄物。』如是，則非德，民不和，神不享矣。神所憑依，將在德矣。」（僖五年）

「是陰陽之事，非吉凶所生也。吉凶由人。」（僖十六年）

唯有嘉功以命姓受祀，迄於天下。及其失之也，必有慆淫之心間之，故亡其氏姓。……夫亡者豈繄無寵？皆黃炎之後也。惟不帥天地之度，不順四時之序，不度民神之義，不儀生物之則，以殄滅無胤，至於今不祀。及其得之也，必有忠信之心間之，度於天地，而順於時動，和於民神，而儀於物則。……其興者必有夏呂之功焉，其廢者必有共鯀之敗焉。（周語下）

舉此以例其他，謂此為周人正統思想可也。此說固為人本思想之開明，亦足為人生行事之勸勉，然其「兌現能力」究如何，在靜思者心中必生問題。其所謂賢者必得福耶，則孝已伯夷何如？其所謂惡者必得禍耶，則瞽瞍弟象何如？奉此正統思想者，固可將一切考終命得祿位者說成賢善之人，古人歷史思想不發達，可聽其鋪張顛倒，然謂賢者必能壽考福祿，則雖辯者亦難乎其為辭矣。《墨子》諸篇曾試為此說，甚費力，甚智辯，終未足以信人也。於是俟命之說緣此思想而起焉。

俟命論者，謂上天之意在大體上是福善而禍淫，然亦有不齊者焉，賢者不必壽，不仁者不必不祿也。夫論其大齊，天志可徵，舉其一事，吉凶未必。君子惟有敬德以祈天之永命（語見《召誥》），修身以俟天命之至也（語見《孟子》）。此為儒家思想之核心，亦為非宗教的道德思想所必趨。

命運論者，自命定論出，為命定論作繁複而整齊之系統者也。其所

以異於命定者，則以命定論仍有「諄諄命之」之形色，命運論則以為命之轉移在潛行默換中有其必然之公式。運，遷也。孟子所謂「一治一亂」，所謂「五百年必有王者興，其間必有名世者」，即此思想之蹤跡。《左傳》所載論天命之思想多有在此義範圍中者，如宋司馬子魚云，「天之棄商久矣，君將興之，弗可赦也已。」（僖二十二）謂一姓之命既訖不可復興也。又如秦繆公云，「吾聞唐叔之封也，箕子曰，其後必大，晉其庸可冀乎？」此謂命未終者，人不得而終之也。此一思想實根基於民間迷信，故其來源必古，逮鄒衍創為五德終始之論，此思想乃成為複雜之組織，入漢彌盛，主宰中國後代思想者至大焉。

非命論者，墨子書為其明切之代表，其說亦自命正論出，乃變本加厲，並命之一詞亦否認之。然墨子所非之命，指前定而不可變者言，《周誥》中之命以不常為義，故墨子說在大體上及實質上無所多異於周公也。

以上五種趨勢，頗難以人為別，尤不易以學派為類，即如儒家，前四者之義兼有所取，而俟命之彩色最重。今標此五名者，用以示天人觀念之演變可有此五者，且實有此五者錯然雜然見於諸子，而皆導源於古昔也。茲為圖以明五者之相關如下：

春秋戰國之際為什麼諸家並興

在回答這個問題之前，我們先要問諸子並興是不是起於春秋戰國之際？近代經學家對於中國古代文化的觀念大別有兩類：

一類以為孔子有絕大的創作力，以前樸陋得很，江永、孔廣森和好些今文學家都頗這樣講；而極端例是康有為，幾乎以為孔子以前的東西都是

孔子想像的話，諸子之說，皆創於晚周。

一類以為至少西周的文化已經極高，孔子不過述而不作，周公原是大聖，諸子之說皆有很長的淵源，戴震等乾嘉間大師每如此想，而在後來代表這一說之極端者為章炳麟。

假如我們不是在那裡爭今古文的門戶，理當感覺到事情不能如此簡單。九流出於王官，晚周文明只等於周公製作之散失之一說，雖絕對不可通；然若西周春秋時代文化不高，孔老戰國諸子更無從憑藉以生其思想。

我們現在關於西周的事知道的太不多了，直接的材料只有若干金文，間接的材料只有《詩》、《書》兩部和些不相干的零碎，所以若想斷定西周時的文化有幾多高，在物質的方面還可盼望後來的考古學有大成功，在社會人文方面恐怕竟要絕望於天地之間了。

但西周晚年以及春秋全世，若不是有很高的人文，很細的社會組織，很奢侈的朝廷，很繁豐的訓典，則直接春秋時代而生之諸子學說，如《論語》中之「人情」，《老子》中之「世故」，《墨子》之向衰敗的文化奮抗，《莊子》之把人間世看作無可奈何，皆都若無所附麗。

在春秋戰國間書中，無論是述說朝士典言的《國語》（《左傳》在內），或是記載個人思想的《論語》，或是把深刻的觀察合著沉鬱的感情的《老子》五千言，都只能生在一個長久發達的文化之後，周密繁豐的人文之中。且以希臘為喻，希臘固是一個新民族，在他的盛時一切思想家並起，彷彿像是前無古人者。然近代東方學發達之後，希臘人文承受於東方及埃及之事件愈現愈多，並非無因而光大，在現在已全無可疑。

東周時中國之四鄰無可向之借文化者，則其先必有長期的背景，以醞釀這個東周的人文，更不能否認。只是我們現在所見的材料，不夠供給我們知

道這個背景的詳細的就是了。然而以不知為不有，是談史學者極大的罪惡。

論語有「述而不作」的話，莊子稱述各家皆冠以「古之道術有在於是者」，這些話雖不可固信，然西周春秋總有些能為善言嘉訓，如史佚周任，歷為後人所稱道者。

既把前一題疏答了，我們試猜春秋戰國間何以諸子並起之原因。既已書缺簡脫，則一切想像，無非求其為合理之設定而已。

一、春秋戰國間書寫的工具大有進步。在春秋時，只政府有力作文書者，到戰國初年，民間學者也可著書了。西周至東周初年文籍現在可見者，皆是官書。《周書》、《雅》、《頌》不必說，即如《國風》及《小雅》若干篇，性質全是民間者，其著於簡篇當在春秋之世。《國語》乃由各國材料拼合而成於魏文侯朝，仍是官家培植之著作，私人無此力量。《論語》雖全是私家記錄，但所記不過一事之細，一論之目，稍經展轉，即不可明瞭。禮之寧儉，喪甯戚，或至以為非君子之言，必當時著書還甚受物質的限制，否則著書不應簡括到專生誤會的地步。然而一到戰國中期，一切豐長的文辭都出來了，孟子的長篇大論，鄒衍的終始五德，莊子的卮言日出，惠施的方術五車，若不是當時學者的富力變大，即是當時的書具變廉，或者兼之。這一層是戰國子家記言著書之必要的物質憑藉。

二、封建時代的統一固然不能統一得像郡縣時代的統一，然若王朝能成文化的中心，禮俗不失其支配的勢力，總能有一個正統的支配力，總不至於異說紛紜。周之本土既喪於戎，周之南國又亡於楚，一入春秋周室只是亡國。所謂「尊天子」者，只是諸侯並爭不得其解決之遁詞，外族交逼不得不團結之口號。宋以亡國之餘，在齊桓晉文間竟恢復其民族主義（見《商頌》）；若魯頌之魯，也是儼然以正統自居的。二等的國家已這樣，若

在齊楚之富，秦晉之強，其「內其國而外諸夏」，更不消說。政治無主，傳統不能支配，加上世變之紛繁，其必至於磨擦出好些思想來，本是自然的。思想本是由於精神的不安定而生，「天下惡乎定，日，定於一」；思想惡乎生，日，生於不一。

三、春秋之世，保持傳統文化的中原國家大亂特亂，四邊幾個得勢的國家卻能大啟土字。齊盡東海，晉滅諸狄，燕有遼東，以魯之不強也還在那裡開淮泗；至於秦楚吳越之本是外國，不過受了中國文化，更不必說了。這個大開拓，大兼併的結果：第一，增加了全民的富力，蕃殖了全民的生產。第二，社會中的情形無論在經濟上或文化上都出來了好些新方面，更使得各國自新其新，各人自是其是。第三，春秋時代部落之獨立，經過這樣大的擴充及大兼併不能保持了，漸由一切互謂蠻夷互謂戎狄的，混合成一個難得分別「此疆爾界」的文化，絕富於前代者。這自然是出產各種思想的肥土田。

四、因上一項所敘之擴充而國家社會的組織有變遷。部落式的封建國家進而為軍戎大國，則刑名之論當然產生。國家益大，諸侯益侈，好文好辯之侯王，如枚乘《七發》中對越之太子，自可「開（第康莊，修大夫之列」，以養那些食飽飯、沒事幹，專御人以口給的。於是惠施公孫龍一派人可得養身而託命。且社會既大變，因社會之大變而生之深刻觀察可得豐衍，如老子。隨社會之大變而造之系統倫理，乃得流行，如墨家。大變大紊亂時，出產大思想大創作，因為平時看得不遠，亂時刺得真深。

綜括上四項：第一，著書之物質的憑藉增高了，古來文書仕官，學不下庶人，到戰國不然了；第二，傳統的宗主喪失了；第三，因擴充及混合，使得社會文化的方面多了；第四，因社會組織的改變，新思想的要求乃不可止了。歷傳的文獻只是為資，不能復為師，社會的文華既可以為用，復

可以為戒。紛紜擾亂，而生磨擦之力；方面復繁，而促深澈之觀。方土之初交通，民族之初混合，人民經濟之初向另一面拓張，國家社會根本組織之初變動，皆形成一種新的壓力，這壓力便是逼出戰國諸子來的。

戰國諸子除墨子外皆出於職業

《七略》、《漢志》有九流十家皆出於王官之說。其說曰：儒家者流蓋出於司徒之官，道家者流蓋出於史官，陰陽家者流蓋出於義和之官，法家者流蓋出於理官，名家者流蓋出於禮官，墨家者流蓋出於清廟之守，縱橫家者流蓋出於行人之官，雜家者流蓋出於議官，農家者流蓋出於寥稷之官，小說家者流蓋出於稗官。胡適之先生駁之，說見所著《中國古代哲學史·附錄》。其論甚公直，而或者不盡揣得其情。謂之公直者，出於王官之說實不可通，謂之不盡揣得其情者，蓋諸子之出實有一個物質的憑藉，以為此物質的憑藉即是王官者誤，若忽略此憑藉，亦不能貫徹也。百家之說皆由於才智之士在一個特殊的地域當一個特殊的時代憑藉一種特殊的職業而生。現在先列為一表，然後擇要疏之。

家名	地域	時代	職業	附記
孔丘	魯其說或有源於宋者	春秋末	教人	
卜商	由魯至魏	春秋戰國間	教人	
曾參	魯	春秋戰國間	教人	
言偃	吳	春秋戰國間	教人	
孔伋	由魯至宋	春秋戰國間	教人亦曾在宦	
顓孫師	陳	春秋戰國間	教人	

家名	地域	時代	職業	附記
漆雕開	今本《家語》云蔡人	春秋戰國間		近於俠
孟軻	鄒魯，遊於齊梁	戰國中期	教人亦為諸侯客	近於遊談
荀卿	趙	戰國末期	教人	
以上儒宗				
墨翟	宋或由魯反不動而出	春秋戰國間	以《墨子》書中情形斷之則亦業教人之業者	
禽滑釐	曾學於魏仕於宋	戰國初期		
孟勝	仕於荊	戰國初期	墨者鉅子為陽城君守而死	
田襄	宋	戰國初期	墨者鉅子	
腹䵍	居秦	戰國中期	墨者鉅子	
田俅	齊	戰國中期		
相里勤	南方			
相夫氏	南方			
鄧陵子	南方			
苦獲	南方			
己齒	南方			
以上墨宗				
宋鈃	或是宋人然作為華山之冠必遊於秦矣	戰國中期	遊說止兵	
尹文				
以上近墨者				

家名	地域	時代	職業	附記
史鰌	衛	春秋末	太史	
陳仲	齊	戰國中期	獨行之士	
許行	楚	戰國中期	獨行之士	
以上獨行之士				
管仲	齊	管仲春秋中季人然託之著書者至早在戰國初	齊相	
晏嬰	齊	晏嬰春秋末人然託之者至早在戰國初	齊相	
老聃（即太史儋）	周	戰國初	太史	
關喜（或太史儋同時人）	周	戰國初	關伊	
商鞅	衛、韓、秦	戰國初然託之著書至早在戰國中	秦相	
申不害	韓	戰國初	韓相	
韓非	韓	戰國末	韓國疏族	
以上政論				
蘇秦	周人而仕六國	戰國中期	六國相	蘇秦、張儀書皆為縱橫學者所託
張儀	魏人而仕秦	戰國中	秦相	
以上縱橫之士				

家名	地域	時代	職業	附記
魏牟	魏	戰國中	魏卿	
莊周	宋	戰國中	諸侯客或亦獨行之士	
惠施	仕魏	戰國中	魏卿	
公孫龍	趙	戰國中	諸侯客	
鄧析	鄭	春秋末		
彭蒙				
鄒忌	齊	戰國初	齊卿	
鄒衍	齊	戰國中	諸侯客	
淳于髡	齊	戰國中	齊稷下客	
慎到	趙	戰國中	齊稷下客	
田駢	齊	戰國中	齊稷下客	
接子	齊	戰國中	齊稷下客	
環淵	楚	戰國中	齊稷下客	
以上以言說侈談於諸侯朝廷，若後世所謂「清客」者。				

■ 附記：

一、列子雖存書，然偽作，其人不可考，故不錄入。

二、一切為東漢後人所偽託之子家不錄入。

三、《呂氏春秋》之眾多作者皆不可考，且是類書之體，非一家之言，故不列入。

就上表看，雖不全不盡，然地方時代職業三事之與流派有相關係處，已頗明顯，現在更分論之。

　　一、所謂儒者乃起於魯流行於各地之「教書匠」。儒者以孔子為準，而孔子之為「教書匠」在《論語》中甚明顯：

　　子曰：學而時習之，不亦悅乎？

　　子曰：弟子，入則教，出則悌，謹而信，泛愛眾，而親仁。行有餘力，則以學文。

　　子謂子夏曰：女為君子儒，無為小人儒。

　　子曰：默而識之，學而不厭，誨人不倦，何有於我哉？

　　子曰：德之不修，學之不講，聞義不能徙，不善不能改，是吾憂也。

　　子曰：志於道，據於德，依於仁，游於藝。

　　子曰：自行束脩以上，吾未嘗無誨焉。

　　子曰：不憤不啟，不悱不發，舉一隅不以三隅反，則不復也。

　　子曰：興於詩，立於禮，成於樂。

　　子疾病，子路使門人為臣。病間，曰：久矣哉，由之行詐也！無臣而為有臣，吾誰欺？欺天乎？

　　子曰：小子何莫學夫詩？詩，可以興，可以觀，可以群，可以怨；邇之事父，遠之事君，多識於鳥獸草木之名。

　　子路使子羔為費宰，子曰：賊夫人之子！子路曰：有民人焉，有社稷焉，何必讀書，然後為學？子曰：是故惡夫佞者。

　　上文不過舉幾個例，其實一部《論語》三分之二是教學生如何治學，如何修身，如何從政的。孔子誠然不是一個啟蒙先生，但他既不是大夫，又不是眾民，開門受徒，東西南北，總要有一個生業。不為匏瓜，則只有學生的束脩；季孟齊景衛靈之「秋風」，是他可資以免於「繫而不食」者。

不特孔子如此，即他的門弟子，除去那些做了官的以外，也有很多這樣。

《史記・儒林傳》敘：「自孔子卒後，七十子之徒，散遊諸侯，大者為師傅卿相，小者友教士大夫，或隱而不見。故子路居衛，子張居陳，澹臺子羽居楚，子夏居西河，子貢終於齊。如田子方段干木吳起禽滑釐之屬，皆受業於子夏之倫，為王者師。」這樣進則仕，退則教的生活，既是儒者職業之所託，又是孔子成大名之所由。

蓋一群門弟子到處教人，即無異於到處宣傳。儒者之仕宦實不達，在魏文侯以外沒有聽說大得意過，然而教書的成績卻極大。詩書禮樂春秋本非儒者之專有物，而以他們到處教人的緣故，弄成孔子刪述六經啦。

二、墨為儒者之反動，其一部分之職業與儒者同，其另一部分則各有其職業。按：墨為儒者之反動一說，待後詳論之。墨與儒者同類而異宗，也在那裡上說世主，下授門徒。但墨家是比儒者更有組織的，而又能吸收士大夫以下之平民。既是一種宗教的組織，則應有以墨為業者，而一般信徒各從其業。故儒縱橫刑名兵法皆以職業名，墨家獨以人名。

三、縱橫刑法皆是一種職業，正所謂不辯自明者。

四、史官之職，可成就些多識前言往行，深明世故精微之人。一因當時高文典冊多在官府，業史官者可以看到；二因他們為朝廷作記錄，很可了澈些世事。所以把世故人情看得最深刻的老聃出於史官，本是一件自然的事。

五、若一切不同的政論者，大多數是學治者之言，因其國別而異趨向。在上列的表內管晏關老申商韓非之列中，管晏商君都不會自己做書的，即申不害也未必能自己著書，這都是其國後學從事於學政治者所託的。至於刑名之學，出於三晉鄭鄉官術，更是一種職業的學問，尤不待說了。

六、所有一切名家辯士，雖然有些曾做到了卿相的，但大都是些諸侯

所養的賓客，看重了便是大賓，看輕了便同於「優倡所蓄」。這是一群大閒人，專以口辯博生活的。有這樣的職業，才成就這些辯士的創作；魏齊之廷，此風尤盛。

綜括前論，無論有組織的儒墨顯學，或一切自成一家的方術論者，其思想之趨向多由其職業之支配。其成家之號，除墨者之稱外，如縱橫名法等等，皆與其職業有不少關係。今略變《漢志》出於王官之語，或即覺其可通。若九流之分，本西漢中年現象，不可以論戰國子家，是可以不待說而明白的。

流別	《七略》所釋	今釋
儒家者流	出於司徒之官	出於「教書匠」。
道家者流	出於史官	有出於史官者，有全不相干者。「漢世」道家本不是單元。按道家一詞，入漢始聞。
陰陽家者流	出於羲和之官	出於業文史星曆卜祝者。
法家者流	出於理官	法家非單元，出於齊晉秦等地之學政習法典刑者。
名家者流	出於禮官	出於諸侯朝廷中供人欣賞之辯士。
墨家者流	出於清廟之守	出於向儒者之反動，是宗教的組織。
縱橫家者流	出於行人之官	出於遊說形勢者。
雜家者流	出於議官	「雜」固不成家，然漢世淮南、東方卻成此一格，其源出於諸侯朝廷廣置方術殊別之士，來者不專主一家，遂成雜家矣。

流別	《七略》所釋	今釋
小說家者流	出於稗官	出於以說故事為職業之諸侯客。
以上所謂「名」、「雜」、「小說」三事，簡直言之，皆出於所謂「清客」。		

故《七略》、《漢志》此說，其辭雖非，其意則似無謂而有謂。

止有儒墨為有組織之宗派

諸子百家中，墨之組織為最嚴整，有鉅子以傳道統，如加特力法皇達喇喇嘛然。又製為一切墨者之法而自奉之，且有死刑（《呂氏春秋·去私篇》腹為墨者鉅子，居秦，其子殺人。秦惠王曰：「先生之年長矣，非有他子也。寡人已令吏弗誅矣，先生之以聽寡人也。」腹䵍對曰：「墨者之法，殺人者死，傷人者刑，此所以禁殺傷人也」云云）。

此斷非以個人為單位之思想家，實是一種宗教的組織自成一種民間的建置，如所謂「早年基督教」者是。所以墨家的宗旨，一條一條固定的，是一個系統的宗教思想。（尚賢、尚同、兼愛，非攻、節用、節葬、天志、明鬼、非樂。）又建設一個模範的神道（三過家門而不入之禹），作為一切墨家的制度。雖然後來的墨者分為三（或不止三），而南方之墨者相謂別墨，到底不至於如儒墨以外之方術家，人人自成一家。

孟子謂楊墨之言盈天下，墨為有組織之宗教，楊乃一個人的思想家，此言應云，如楊朱一流人者盈天下，而墨翟之徒亦盈天下。蓋天下之自私自利者極多，而為人者少，故楊朱不必作宣傳，而天下滔滔皆楊朱；墨

宗則非宣傳不可。所以墨子之為顯學，歷稱於孟莊荀韓呂劉司馬父子《七略》、《漢志》，而楊朱則只孟子攻之，天下篇所不記，非十二子所不及，五蠹顯學所不括，《呂覽》、《淮南》所不稱，六家九流所不列。這正因為「縱情性安恣睢禽獸行」之它囂魏牟固楊朱也。

莊子之人生觀，亦楊朱也。所以儒墨俱為傳統之學，而楊朱雖號為言盈天下，其人猶在若有若無之間。至於其他儒墨以外各家，大別可分為四類。

一、獨行之士此固人自為說，不成有組織的社會者，如陳仲史等。

二、個體的思想家此如太史儋之著五千言，並非有組織的學派。（但黃老之學至漢初年變為有組織之學派）

三、各地治「治術」一種科學者此如出於齊之管仲晏子書，出於三晉之李悝書，出於秦之商子書，出於韓之申子書，及自己著書之韓公子非。這都是當年談論政治的「科學」。

四、諸侯朝廷之「清客」論所謂一切辯士，有些辯了並不要實行的，有些所辯並與行事毫不相干的（如「白馬非馬」），有些全是文士。這都是供諸侯王之精神上之娛樂者。梁孝王朝武帝朝猶儲存這個戰國風氣。

■ 附：《白馬非馬》

曰：「白馬非馬，可乎？」

曰：「可。」

曰：「何哉？」

曰：「馬者，所以命形也。白者，所以命色也。命色者，非命形也，故曰白馬非馬。」

　　曰：「有白馬，不可謂無馬也。不可謂無馬者，非馬也？有白馬為有馬，白之非馬，何也？」曰：「求馬，黃、黑馬皆可致。求白馬，黃、黑馬不可致。使白馬乃馬也，是所求一也，所求一者，白者不異馬也。所求不異，如黃、黑馬有可有不可，何也？可與不可其相非明。故黃、黑馬一也，而可以應有馬，而不可以應有白馬，是白馬之非馬審矣。」

　　曰：「以馬之有色為非馬，天下非有無色之馬也。天下無馬，可乎？」

　　曰：「馬固有色，故有白馬。使馬無色，有馬如已耳，安取白馬？故白者非馬也。白馬者，馬與白也；馬與白馬也，故曰：白馬非馬也。」

　　曰：「馬未與白為馬，白未與馬為白。合馬與白，複名白馬，是相與以不相與為名，未可。故曰：白馬非馬，未可。」

　　曰：「以有白馬為有馬，謂有白馬為有黃馬，可乎？」

　　曰：「未可。」

　　曰：「以有馬為異有黃馬，是異黃馬於馬也。異黃馬於馬，是以黃馬為非馬。以黃馬為非馬，而以白馬為有馬；此飛者入池，而棺槨異處；此天下之悖言亂辭也。」

　　曰：「有白馬，不可謂無馬者，離白之謂也。是離者有白馬不可謂有馬也。故所以為有馬者，獨以馬為有馬耳，非有白馬為有馬。故其為有馬也，不可以謂馬馬也。」

　　曰：「白者不定所白，忘之而可也。白馬者，言定所白也。定所白者，非白也。馬者無去取於色，故黃、黑皆所以應。白馬者，有去取於色，黃、黑馬皆所以色去，故唯白馬獨可以應耳。無去者非有去也。故曰：白馬非馬。」

儒為諸子之前驅，亦為諸子之後殿

按，儒為諸子中之最前者，孔子時代尚未至於百家並鳴，可於《論語》、《左傳》、《國語》各書得之。雖《論語》所記的偏於方域，《國語》所記的不及思想，但在孔丘的時代果然諸子已大盛者，孔丘當不至於無所論列。

孔丘以前之儒，我們固完全不曾聽說是些什麼東西；而墨起於孔後，更不成一個問題。其餘諸子之名中，管晏兩人之名在前，但著書皆是戰國時人所託，前人論之已多。著書五千言之「老子」乃太史儋，汪容甫、畢秋帆兩人論之已長；此外皆戰國人。則儒家之興，實為諸子之前驅，是一件顯然的事實。

孔子為何如人，現在因為關於孔子的真材料太少了，全不能論定，但《論語》所記他仍是春秋時人的風氣，思想全是些對世間務的思想，全不是戰國諸子的放言高論。即以孟荀和他比，孟子之道統觀、論性說，荀子之治本論、正儒說，都已是系統的思想；而孔丘乃是「毋意」，「毋必」，「毋固」，「毋我」的「學願」。所以孔丘雖以其「教」教出好些學生來，散布到四方，各自去教，而開諸子的風氣，自己仍是一個春秋時代的殿軍而已。

儒者最先出，歷對大敵三：一、墨家；二、黃老；三、陰陽。儒墨之戰在戰國極劇烈，這層可於孟墨韓呂諸子中看出。儒家黃老之戰在漢初年極劇烈，這層《史記》有記載。漢代儒家的齊學本是雜陰陽的，漢武帝時代的儒學已是大部分糅合陰陽，如董仲舒；以後緯書出來，符命圖讖出來，更向陰陽同化。所以從武帝到光武雖然號稱儒學正統，不過是一個名目，骨子裡頭是陰陽家已纂了儒家的正統。直到東漢，儒學才漸漸向陰陽求解放。

儒墨之戰，儒道之戰，儒均戰勝。儒與陰陽之戰（此是相化非爭鬥之戰），儒雖幾乎為陰陽所吞，最後仍能超脫出來。戰國一切子家一律衰息之後，儒者獨為正統，這全不是偶然，實是自然選擇之結果。儒家的思想及制度中，儲存部落時代的宗法社會性最多，中國的社會雖在戰國大大的動盪了一下子，但始終沒有完全進化到軍國，宗法制度仍舊是支配社會倫理的。所以黃老之道，申韓之術，可為治之用，不可為社會倫理所從出。這是最重要的一層理由。

戰國時代因世家之廢而尚賢之說長，諸子之言興，然代起者仍是士人一個階級，並不是真正的平民。儒者之術恰是適應這個階級之身分，虛榮心，及一切性品的。所以墨家到底不能挾民眾之力以勝儒，而儒者卻可挾王侯之力以勝墨，這也是一層理由。天下有許多東西，因不才而可綿延性命。

戰國之窮年大戰，諸侯亡秦，楚漢戰爭，都是專去淘汰民族中最精良最勇敢最才智的分子的。所以中國人經三百年的大戰而後，已經「銼其銳，解其紛，和其光，同其塵」了。淘汰剩下的平凡庸眾最多，於是儒家比上不足，比下有餘的穩當道路成王道了。儒家之獨成「適者的生存」，和戰國之究竟不能全量的變古，實在是一件事。

假如楚於城濮之戰，滅中原而開四代（夏商周楚）；匈奴於景武之際，吞區夏而建新族；黃河流域的人文歷史應該更有趣些，儒家也就不會成正統了。又假如戰國之世，中國文化到了楚吳百越而更廣大。新民族負荷了舊文化而更進一步，儒者也就不會更延綿了。新族不興，舊憲不滅，宗法不亡，儒家長在。中國的歷史，長則長矣；人民，眾則眾矣。致此之由，中庸之道不無小補，然而果能光榮快樂乎哉？

戰國諸子之地方性

　　凡一個文明國家統一久了以後，要漸漸的變成只剩了一個最高的文化中心點，不管這個國家多麼大。若是一個大國家中最高的文化中心點不止一個時，便要有一個特別的原因，也許是由於政治的中心點和經濟的中心點不在一處，例如明清兩代之吳會；也許是由於原舊國家的關係，例如羅馬帝國之有亞歷山大城，胡元帝國之有杭州。但就通例說，統一的大國只應有一個最高的文化中心點的。所以雖以西漢關東之富，吳梁滅後，竟不復聞類於吳苑梁朝者。雖以唐代長江流域之文化，隋煬一度之後，不聞風流文物更熾於漢皋吳會。

　　統一大國雖有極多便宜，然也有這個大不便宜。五季十國之亂，真是中國歷史上最不幸的一個時期了，不過也只有在五季十國那個局面中，南唐西蜀乃至閩地之微，都要和借亂的中朝爭文明的正統。這還就單元的國家說，若在民族的成分頗不相同的一個廣漠文明區域之內，長期的統一之後，每至消磨了各地方的特性，而減少了全部文明之富度，限制了各地各從其性之特殊發展。若當將混而未融之時，已通而猶有大別之間，應該特別發揮出些異樣的文華來。近代歐洲正是這麼一個例，或者春秋戰國中也是這樣子具體而微罷？

　　戰國諸子之有地方性，《論語》、《孟子》、《莊子》均給我們一點半點的記載，若《淮南要略》所論乃獨詳。近人有以南北混分諸子者，其說極不可通。蓋春秋時所謂「南」者，在文化史的意義上與楚全不相同（詳拙論「南國」），而中原諸國與其以南北分，毋寧以東西分，雖不中，猶差近。在永嘉喪亂之前，中國固只有東西之爭，無南北之爭（晉楚之爭而不決為一例外）。所以現在論到諸子之地方性，但以國別為限不以南北西東

等泛詞為別。

　　齊燕附戰國時人一個成見，或者這個成見正是很對，即是談到荒誕不經之人，每說他是齊人。孟子，「此齊東野人之語也」；莊子，「齊諧者，志怪者也」；《史記》所記鄒衍等，皆其例。春秋戰國時，齊在諸侯中以地之大小比起來，算最富的（至兩漢尚如此），臨淄一邑的情景，假如蘇秦的話不虛，竟是一個近代大都會的樣子。地方又近海，或以海道交通而接觸些異人異地；並且從早年便成了一個大國，不像鄒魯那樣的寒酸。姜田兩代頗出些禮賢下士的侯王。且所謂東夷者，很多是些有長久傳說的古國，或者濟河岱宗以東，竟是一個很大的文明區域。又是民族遷徙自西向東最後一個層次（以上各節均詳別論）。那麼，齊國自能發達他的特殊文化，而成到了太史公時尚為人所明白見到的「洪洪乎大國風」，正是一個很合理的事情。齊國所貢獻於晚周初漢的文化大約有五類（物質的文化除外）。

　　甲、宗教　試看《史記・秦始皇本紀》，則知秦皇漢武所好之方士，實原自齊，燕亦附庸在內。方士的作禍是一時的，齊國宗教系統之普及於中國是永久的。中國歷來相傳的宗教是道教，但後來的道教造形於葛洪寇謙之一流人，其現在所及見最早一層的根據，只是齊國的神祠和方士。八祠之祀，在南朝幾乎成國教；而神仙之論，竟成最普及最綿長的民間信仰。

　　乙、五行論　五行陰陽論之來源已不可考，《甘誓》、《洪範》顯系戰國末人書（我疑《洪範》出自齊，伏生所採以人廿八篇者）。現在可見之語及五行者，以荀子《非十二子》篇為最多。荀子訾孟子子思以造五行論，然《今本孟子》、《中庸》中全無五行說，《史記・孟子荀卿列傳》中卻有一段，記鄒衍之五德終始論最詳：

　　齊有三鄒子。其前鄒忌，以鼓琴於威王，因及國政，封為成侯，而受相印，先孟子。其次鄒衍，後孟子。鄒衍睹有國者益淫侈，不能尚德，若大雅整之於身施及黎庶矣，乃深觀陰陽訊息，而作怪遷之變。終始大聖之篇十餘萬言。其語閎大不經，必先驗小物，推而大之，至於無垠。

　　先序今以上至黃帝，學者所共術，大並世盛衰，因載其祥度制，推而遠之，至天地未生，窈冥不可考而原也。先列中國名山、大川、通谷、禽獸，水土所殖，物類所珍，因而推之及海外，人之所不能睹。稱引天地剖判以來，五德轉移，治各有宜，而符應若茲。以為儒者所謂中國者，於天下乃八十一分居其一分耳。

　　中國名曰赤縣神州，赤縣神州內自有九州，禹之序九州是也，不得為州數。中國外如赤縣神州者九，乃所謂九州也，於是有裨海環之。人民禽獸莫能相通者，如一區中者，乃為一州。如此者九，乃有大瀛海環其外，天地之際焉。其術皆此類也。然要其歸必止乎仁義節儉，君臣上下六親之施，始也濫耳。

　　王公大人初見其術。懼然顧化，其後不能行之。是以鄒子重於齊；適梁，梁惠王郊迎，執賓主之禮；適趙，平原君側行撇席；如燕，昭王擁篲先驅，請列弟子之座而受業，築碣石宮，身親往師之，作主運。

　　鄒子出於齊，而最得人主景仰於燕，燕齊風氣，鄒子一身或者是一個表象。鄒子本不是儒家，必戰國晚年他的後學者託附於當時的顯學儒家以自重，於是謂五行之學創自子思孟軻，荀子習而不察，遽以之歸罪子思孟軻，遂有《非十二子》中之言。照這看來，這個五行論在戰國末很盛行的，諸子《史記》不少證據。且這五行論在戰國晚年不特託於儒者大師，又竟和儒者分不開了。《史記・秦始皇本紀》：

　　盧生說始皇曰：「臣等求芝奇藥仙者常弗遇，類物有害之者。方中：人主時為微行，以辟惡鬼，惡鬼辟真人至。至人主所居，而人臣知之，則害於神。真人者，入水不濡，入火不爇，陵雲氣，與天地久長。今上治天下，未能恬惔，願上所居宮毋令人知。然後不死之藥殆可得也。」於是始皇曰：「吾慕真人，自謂真人不稱朕。」乃令咸陽之旁二百里內，宮觀二百七十，複道甬道相連，帷帳鐘鼓美人充之，各案署，不移徙。

　　行所幸有言其處者，罪死。始皇帝幸梁山宮，從山上見丞相車騎眾，弗善也。中人或告丞相，丞相後損車騎。始皇怒曰：「此中人洩吾語。」案問，莫服。當是時，詔捕諸時在旁者，皆殺之。自是後莫知行之所在，聽事群臣受決事悉於咸陽宮。侯生盧生相與謀曰：「始皇為人天性剛戾自用，起諸侯，並天下，意得欲從，以為自古莫及己。專任獄吏，獄吏得親倖，博士雖七十人，特備員弗用。相諸大臣皆受成事，倚辨於上。上樂以刑殺為威，天下畏罪，持祿莫敢盡忠。上不聞過而日驕，下懾伏謾欺以取容。秦法，不得兼方，不驗，輒死；然候星氣者至三百人，皆良士，畏忌諱、諛、不敢端言其過。

　　天下之事無小大皆決於上，上至以衡石量書，日夜有呈，不中呈，不得休息。貪於權勢至如此，未可為求仙藥。」於是乃亡去。始皇聞亡，乃大怒曰：「吾前收天下書，不中用者盡去之，悉召文學方術士甚眾，欲以興太平。方士欲煉以求奇藥。今聞韓眾去，不報，徐巿等費以鉅萬計，終不得藥，徒奸利相告，日聞。盧生等吾尊賜之甚厚，今乃誹謗我，以重吾不德也。諸生在咸陽者，吾使人廉問，或為妖言，以亂黔首。」於是使御史悉案問諸生，諸生傳相告引，乃自除犯禁者四百六十餘人，皆坑之咸陽，使天下知之，以懲後。益發謫徙邊，始皇長子扶蘇諫曰：「天下初定，遠方黔首未集，諸生皆誦法孔子，今上皆重法繩之，臣恐天下不安。惟上

察之！」始皇怒，使扶蘇北監蒙恬於上郡。

這真是最有趣的一段史料，分析如下：

一、盧生等只是方士，決非鄒魯之所謂儒；

二、秦始皇坑的是這些方士；

三、這些方士竟「皆誦法孔子」，而坑方士變做了坑儒。

則侈談神仙之方士，為五行論之諸生，在戰國末年竟儒服儒號，已無可疑了。這一套的五德終始陰陽訊息論，到了漢朝，更養成了最有勢力的學派，流行之普遍，竟在儒老之上。有時附儒，如儒之齊學，禮記中月令及他篇中羼人之陰陽論皆是其出產品；有時混道，如《淮南鴻烈》書中不少此例，《管子》書中也一樣。他雖然不能公然地爭孔老之席，而暗中在漢武時，已把儒家換羽移宮，如董仲舒、劉向、劉歆、王莽等，都是以陰陽學為骨幹者。五行陰陽本是一種神道學 (theology) 或曰玄學 (metaphyiscs)，見諸行事則成迷信。

五行論在中國造毒極大，一切信仰及方技都受他影響。但我們現在也不用笑他了，十九世紀總不是一個頂迷信的時代罷？德儒海格爾以其心學之言盈天下，三四十年前，幾乎統一了歐美大學之哲學講席。但這位大玄學家發軌的一篇著作是用各種的理性證據 —— 就是五德終始一流的 —— 去斷定太陽系行星只能有七，不能有六，不能有八。然他這本大著出版未一年，海王星之發現宣布了！至於辨式 dialektik，還不是近代的陰陽論嗎？至若我們只瞧不起我們二千年前的同國人，未免太寬於數十年前的德國哲學家了。

丙、託於管晏的政論　管晏政論在我們現在及見的戰國書中並無記之者（《呂覽》只有引管子言行處，沒有可以證明其為引今見《管書子

處》），但《淮南》、《史記》均詳記之。我對於《管子》書試作的設定是：《管子》書是由戰國晚年漢初年的齊人雜著拼合起來的。晏子書也不是晏子時代的東西，也是戰國末漢初的齊人著作。此義在下文《殊方之治術》一篇及下一章《戰國子家書成分分析》中論之。

丁、齊儒學　這本是一個漢代學術史的題目，不在戰國時期之內，但若此地不提明此事，將不能認清齊國對戰國所醞釀漢代所造成之文化的貢獻，故略說幾句。儒者的正統在戰國初漢均在魯國，但齊國自有他的儒學，骨子裡只是陰陽五行，又合著一些放言侈論。這個齊學在漢初的勢力很大，武帝時竟奪魯國之席而為儒學之最盛者，政治上最得意的公孫弘，思想上最開風氣的董仲舒，都屬於齊學一派；公羊氏春秋，齊詩，田氏易，伏氏書，都是太常博士中最顯之學。魯學小言詹詹，齊學大言炎炎了。現在我們在西漢之殘文遺籍中，還可以看出這個分別。

戊、齊文辭　戰國文辭，齊楚最盛，各有其他的地方色彩，此事待後一篇中論之（「論戰國雜詩體」一章中）。

魯

魯是西周初年周在東方文明故域中開關一個殖民地。西周之故域既亡於戎，南國又亡於楚，而「周禮盡在魯矣」。魯國人揖讓之禮甚講究，而行事甚乖戾（太史公語），於是拿詩書禮樂做法寶的儒家出自魯國，是再自然沒有的事情。蓋人文既高，儀節尤備，文書所存獨多，又是個二等的國家，雖想好功矜伐而不能。故齊楚之富，秦晉之強，有時很是為師，儒之學發展之阻力，若魯則恰成發展這一行的最好環境。

「儒是魯學」這句話，大約沒有疑問罷？且儒學一由魯國散到別處便馬上變樣子。孔門弟子中最特別的是「堂堂乎張」，和不仕而俠之漆雕

開，這兩個人後來皆成顯學。然上兩個人是陳人，下兩個人是蔡人。孔門中又有個子游，他的後學頗有接近老學的嫌疑，又不是魯人（吳人）。宰我不知何許人，子貢是術人，本然都不是魯國願儒的樣子，也就物以類聚跑到齊國，一個得意，一個被殺了。這都是我們清清楚楚的認識出地方環境之限制人。墨子魯人（孫詒讓等均如此考定），習孔子之書，業儒者之業（《淮南要略》），然他的個性及主張，絕對不是適應於魯國環境的，他自己雖然應當是魯國及儒者之環境逼出來的一個造反者，但他總要到外方去行道，所以他自己的行跡，便也在以愚著聞的宋人國中多了。

宋

　　宋也是一個文化極高的國家，且歷史的綿遠沒有一個可以同他比；前邊有幾百年的殷代，後來又和八百年之周差不多同長久。當桓襄之盛，大有殷商中興之勢，直到亡國還要稱霸一回。齊人之誇，魯人之拘，宋人之愚，在戰國都極著名。諸子談到愚人每每是宋人，如《莊子》「宋人資章甫而適諸越，越人斷髮文身，無所用之」；《孟子》「宋人有閔其苗之不長而揠之者」；《韓非子》宋人守株待兔。此等例不勝其舉，而韓非子尤其談到愚人便說是宋人。大約宋人富於宗教性，心術質直，文化既古且高，民俗卻還淳樸，所以學者倍出，思想疏通致遠、而不流於浮華。墨家以宋為重鎮，自是很自然的事情。

三晉及周鄭

　　晉國在原來本不是一個重文貴儒提倡學術的國家，「晉所以伯，師武臣之力也」。但晉國接近周鄭，周鄭在周既東之後，雖然國家衰弱，終是一個文化中心，所以晉國在文化上受周鄭的影響多（《左傳》中不少此例）。待晉分為三之後，並不儲存早年單純軍國的樣子了，趙之邯鄲且與

齊之臨淄爭奢侈，韓魏地當中原，尤其出來了很多學者，上繼東周之緒，下開名法諸家之盛，這一帶地方出來的學者，大略如下：

太史儋著所謂《老子》五千言（考詳後）。關尹不知何許人，然既為周秦界上之關尹，則亦此一帶之人。

申不害韓非刑名學者。管晏申韓各書皆談治道者，而齊晉兩派絕異。

惠施鄧析公孫龍皆以名理為術之辯士。據《荀子》，惠施鄧析一流人；據《漢志》，則今本鄧析子乃申韓一派。

魏牟放縱論者。

慎到稷下辯士。今存《慎子》不可考其由來，但《莊子》中《齊物論》一篇為慎到著十二論之一，說後詳。

南國

「南國」和「楚」兩個名辭斷不混的。「南國」包陳蔡許鄧息申一帶楚北夏南之地，其地在西周晚季文物殷盛（詳說《論周頌篇》），在春秋時已經好多部分入楚，在戰國時全入楚境之內了。現在論列戰國事自然要把南國這個名詞放寬些，以括楚吳新興之人眾。但我們終不要忘楚之人文是受自上文所舉固有之南國的。勝國之人文，新族之朝氣，混合起來，自然可出些異樣的東西。現在我們所可見自春秋末年這一帶地方思想的風氣，大略有下列幾個頭緒：

厭世達觀者如孔子適陳蔡一帶所遇之接輿、長沮、桀溺、荷蓧丈人等。

獨行之士許行等。

這一帶地方又是墨家的一個重鎮，且這一帶的墨學者在後來以偏於名

辯著聞。

　　果下文所證所謂苦縣之老子為老萊子，則此一聞人亦是此區域之人。

　　秦國秦國若干風氣似晉之初年，並無學術思想可言，不知《商君書》一件東西是秦國自生的政論，如管晏政論之為齊學一樣？或者是六國人代擬的呢？

　　中國之由分立進為一統，在政治上固由秦國之戰功，然在文化上則全是另一個局面，大約說來如下：

　　齊以宗教及玄學統一中國（漢武帝時始成就）。

　　魯以倫理及禮制統一中國（漢武帝時始成就）。

　　三晉一帶以官術統一中國（秦漢皆申韓者）。

　　戰國之亂，激出些獨行的思想家；戰國之侈，培養了些作清談的清客。但其中能在後世普及者，只有上列幾項。

■ 附：《齊物論》、《非十二子》

《齊物論》

　　南郭子綦隱機而坐，仰天而噓，荅焉似喪其耦。顏成子游立侍乎前，曰：「何居乎？形固可使如槁木，而心固可使如死灰乎？今之隱機者，非昔之隱機者也。」子綦曰：「偃，不亦善乎，而問之也？今者吾喪我，汝知之乎？女聞人籟，而未聞地籟，女聞地籟而未聞天籟夫！」

　　子游曰：「敢問其方。」子綦曰：「夫大塊噫氣，其名為風，是唯無作，作則萬竅怒呺，而獨不聞之乎？山林之畏佳，大木百圍之竅穴，似鼻，似口，似耳，似枅，似圈，似臼，似窪者，似汙者。激者，謞者，叱者，吸者，叫者，譹者，宎者，咬者，前者唱于而隨者唱喁。泠風則小和，飄風則大和，

厲風濟則眾竅為虛。而獨不見之調調之刁刁乎？」

　　子游曰：「地籟則眾竅是已，人籟則比竹是已，敢問天籟。」子綦曰：「夫吹萬不同，而使其自己也，咸其自取，怒者其誰邪？」

　　大知閒閒，小知；大言炎炎，小言詹詹。其寐也魂交，其覺也形開；與接為，日以心鬥：縵者，窖者，密者。小恐惴惴，大恐縵縵。其發若機栝，其司是非之謂也；其留如詛盟，其守勝之謂也。其殺若秋冬，以言其日消也；其溺之所為之，不可使復之也；其厭也如緘，以言其老洫也；近死之心，莫使復陽也。喜怒哀樂，慮嘆變，姚佚啟態。樂出虛，蒸成菌。日夜相代乎前，而莫知其所萌。已乎，已乎！旦暮得此，其所由以生乎！

　　非彼無我，非我無所取。是亦近矣，而不知其所為使。若有真宰，而特不得其，可行已信，而不見其形，有情而無形。百骸、九竅、六藏，賅而存焉，吾誰與為親？汝皆說之乎？其有私焉？如是皆有為臣妾乎？其臣妾不足以相治乎？其遞相為君臣乎？其有真君存焉？如求得其情與不得，無益損乎其真。一受其成形，不亡以待盡。與物相刃相靡，其行盡如馳，而莫之能止，不亦悲乎！終身役役而不見其成功，然疲役而不知其所歸，可不哀邪！人謂之不死，奚益！其形化，其心與之然，可不謂大哀乎？人之生也，固若是芒乎？其我獨芒，而人亦有不芒者乎？

　　夫隨其成心而師之，誰獨且無師乎？奚必知代而心自取者有之？愚者與有焉。未成乎心而有是非，是今日適越而昔至也。是以無有為有。無有為有，雖有神禹且不能知，吾獨且奈何哉！

　　夫言非吹也。言者有言，其所言者特未定也。果有言邪？其未嘗有言邪？其以為異於鷇音，亦有辯乎？其無辯乎？

　　道惡乎隱而有真偽？言惡乎隱而有是非？道惡乎往而不存？言惡乎存

而不可？道隱於小成，言隱於榮華。故有儒墨之是非，以是其所非而非其所是。欲是其所非而非其所是，則莫若以明。

物無非彼，物無非是。自彼則不見，自知則知之。故曰：彼出於是，是亦因彼。彼是，方生之說也。雖然，方生方死，方死方生；方可方不可，方不可方可；因是因非，因非因是。是以聖人不由而照之於天，亦因是也。是亦彼也，彼亦是也。彼亦一是非，此亦一是非。果且有彼是乎哉？果且無彼是乎哉？彼是莫得其偶，謂之道樞。樞始得其環中，以應無窮。是亦一無窮，非亦一無窮也。故曰：莫若以明。

以指喻指之非指，不若以非指喻指之非指也；以馬喻馬之非馬，不若以非馬喻馬之非馬也。天地一指也，萬物一馬也。

可乎可，不可乎不可。道行之而成，物謂之而然。惡乎然？然於然。惡乎不然？不然於不然。惡乎可？可於可。惡乎不可？不可於不可。物固有所然，物固有所可；無物不然，無物不可。故為是舉莛與楹、厲與西施、恢恑憰怪，道通為一。

其分也，成也；其成也，毀也。凡物無成與毀，復通為一。唯達者知通為一，為是不用而寓諸庸。庸也者，用也；用也者，通也；通也者，得也；適得而幾矣。因是已，已而不知其然，謂之道。勞神明為一而不知其同也，謂之朝三。何謂朝三？狙公賦曰：「朝三而暮四。」眾狙皆怒。曰：「然則朝四而暮三。」眾狙皆悅。名實未虧而喜怒為用，亦因是也。是以聖人和之以是非而休乎天鈞，是之謂兩行。

古之人，其知有所至矣。惡乎至？有以為未始有物者，至矣，盡矣，不可以加矣。其次以為有物矣，而未始有封也。其次以為有封焉，而未始有是非也。是非之彰也，道之所以虧也。道之所以虧，愛之所以成。果且

有成與虧乎哉？果且無成與虧乎哉？有成與虧，故昭氏之鼓琴也。無成與虧，故昭氏之不鼓琴也。昭文之鼓琴也，師曠之枝策也，惠子之據梧也，三子之知幾乎！皆其盛者也，故載之末年。唯其好之也，以異於彼；其好之也，欲以明之。彼非所明而明之，故以堅白之昧終。而其子又以文之綸終，終身無成。若是而可謂成乎？雖我亦成也。若是而不可謂成乎？物與我無成也。是故滑疑之耀，聖人之所圖也。為是不用而寓諸庸，此之謂以明。

今且有言於此，不知其與是類乎？其與是不類乎？類與不類，相與為類，則與彼無以異矣。雖然，請嘗言之。有始也者，有未始有始也者，有未始有夫未始有始也者。有有也者，有無也者，有未始有無也者，有未始有夫未始有無也者。俄而有無矣，而未知有無之果孰有孰無也。今我則已有謂矣，而未知吾所謂之其果有謂乎，其果無謂乎？

夫天下莫大於秋豪之末，而大山為小；莫壽於殤子，而彭祖為夭。天地與我並生，而萬物與我為一。既已為一矣，且得有言乎？既已謂之一矣，且得無言乎？一與言為二，二與一為三。自此以往，巧曆不能得，而況其凡乎！故自無適有以至於三，而況自有適有乎！無適焉，因是已。

夫道未始有封，言未始有常，為是而有畛也。請言其畛：有左有右，有倫有義，有分有辯，有競有爭，此之謂八德，六合之外，聖人存而不論；六合之內，聖人論而不議。春秋經世先王之志，聖人議而不辯。故分也者，有不分也；辯也者，有不辯也。曰：何也？聖人懷之，眾人辯之以相示也。故曰辯也者有不見也。

夫大道不稱，大辯不言，大仁不仁，不廉不，不勇不忮。道昭而不道，言辯而不及，仁常而不成，廉清而不信，勇忮而不成。五者圓而幾向

方矣。故知止其所不知，至矣。孰知不言之辯、不道之道？若有能知，此之謂天府。注焉而不滿，酌焉而不竭，而不知其所由來，此之謂葆光。

故昔者堯問於舜曰：「我欲伐宗、膾、胥敖，南面而不釋然，其故何也？」舜曰：「夫三子者，猶存乎蓬艾之間。若不釋然，何哉？昔者十日並出，萬物皆照，而況德之進乎日者乎！」

齧缺問乎王倪曰：「子知物之所同是乎？」曰：「吾惡乎知之！」「子知子之所不知邪？」曰：「吾惡乎知之！」「然則物無知邪？」曰：「吾惡乎知之！雖然，嘗試言之。庸詎知吾所謂知之非不知邪？庸詎知吾所謂不知之非知邪？且吾嘗試問乎女：民溼寢則腰疾偏死，然乎哉？木處則惴慄恂懼，猿然乎哉？三者孰知正處？民食芻豢，麋鹿食薦，蝍蛆甘帶，鴟鴉耆鼠，四者孰知正味？猨猵狙以為雌，麋與鹿交，鰍與魚遊。毛嬙麗姬，人之所美也，魚見之深入，鳥見之高飛，麋鹿見之決驟。四者孰知天下之正色哉？自我觀之，仁義之端，是非之，樊然亂，吾惡能知其辯！」

齧缺曰：「子不知利害，則至人固不知利害乎？」王倪曰：「至人神矣！大澤焚而不能熱，河漢而不能寒，疾雷破山飄風振海而不能驚。若然者，乘雲氣，騎日月，而遊乎四海之外。死生無變於己，而況利害之端乎！」

瞿鵲子問乎長梧子曰：「吾聞諸夫子，聖人不從事於務，不就利；不違害，不喜求，不緣道；無謂有謂，有謂無謂，而遊乎塵垢之外。夫子以為孟浪之言，而我以為妙道之行也。吾子以為奚若？」

長梧子曰：「是黃帝之所聽熒也，而丘也何足以知之！且女亦大早計，見卵而求時夜，見彈而求鴞炙。予嘗為女妄言之，女以妄聽之。奚旁日月，挾宇宙？為其脗合，置其滑涽，以隸相尊。眾人役役，聖人愚芚，參萬歲而一成純。萬物盡然，而以是相蘊。

「予惡乎知說生之非惑邪！予惡乎知惡死之非弱喪而不知歸者邪！麗之姬，艾封人之子也。晉國之始得之也，涕泣沾襟，及其至於王所，與王同筐床，食芻豢，而後悔其泣也。予惡乎知夫死者不悔其始之蘄生乎！夢飲酒者，旦而哭泣；夢哭泣者，旦而田獵。方其夢也，不知其夢也。夢之中又佔其夢焉，覺而後知其夢也。且有大覺而後知此其大夢也，而愚者自以為覺，竊竊然知之。君乎、牧乎，固哉！丘也與女，皆夢也；予謂女夢，亦夢也。是其言也，其名為弔詭。萬世之後而一遇大聖，知其解者，是旦暮遇之也！

「既使我與若辯矣，若勝我，我不若勝，若果是也，我果非也邪？我勝若，若不吾勝，我果是也，而果非也邪？其或是也，其或非也邪？其俱是也，其俱非也邪？我與若不能相知也，則人固受其，吾誰使正之？使同乎若者正之？既與若同矣，惡能正之！使同乎我者正之？既同乎我矣，惡能正之！使異乎我與若者正之？既異乎我與若矣，惡能正之！使同乎我與若者正之？既同乎我與若矣，惡能正之！然則我與若與人，俱不能相知也，而待彼也邪？化聲之相待，若其不相待，和之以天倪，因之以曼衍，所以窮年也。

「何謂和之以天倪？曰：是不是，然不然。是若果是也，則是之異乎不是也亦無辯；然若果然也，則然之異乎不然也亦無辯。忘年忘義，振於無竟，故寓諸無竟」。

罔兩問景曰：「曩子行，今子止；曩子坐，今子起。何其無特操與？」景曰：「吾有待而然者邪？吾所待又有待而然者邪？吾待蛇蚹蜩翼邪？惡識所以然？惡識所以不然？」

昔者莊周夢為胡蝶，栩栩然胡蝶也，自喻適志與！不知周也。俄然覺，則蘧蘧然周也。不知周之夢為胡蝶與，胡蝶之夢為周與？周與胡蝶，則必有分矣。此之謂物化。

《非十二子》

假今之世，飾邪說，文奸言，以梟亂天下，矞宇嵬瑣，使天下混然不知是非治亂之所在者，有人矣。

縱情性，安恣孳，禽獸行，不足以合文通治；然而其持之有故，其言之成理，足以欺惑愚眾；是它囂、魏牟也。

忍情性，綦蹊利陽，苟以分異人為高，不足以合大眾，明大分；然而其持之有故，其言之成理，足以欺惑愚眾，是陳仲、史也。

不知壹天下、建國家之權稱，上功用、大儉約，而優差等，曾不足以容辨異、縣君臣；然而其持之有故，其言之成理，足以欺惑愚眾，是墨翟、宋也。

尚法而無法，下修而好作，上則取聽於上，下則取從於俗，終日言成文典，反察之，則倜然無所歸宿，不可以經國定分；然而其持之有故，其言之成理，足以欺惑愚眾，是慎到、田駢也。

不法先王，不是禮義，而好治怪說，玩琦辭，甚察而不急，辯而無用，多事而寡功，不可以為治綱紀；然而其持之有故，其言之成理，足以欺惑愚眾，是惠施、鄧析也。

略法先王而不知其統，然而猶材劇志大，聞見雜博。案往舊造說，謂之五行，甚僻違而無類，幽隱而無說，閉約而無解。案飾其辭而祗敬之曰：此真先君子之言也。子思唱之，孟軻和之，世俗之溝猶瞀儒，嚾嚾然不知其所非也，遂受而傳之，以為仲尼、子游為茲厚於後世，是則子思、孟軻之罪也。

若夫總方略，齊言行，壹統類，而群天下之英傑，而告之以大古，教

之以至順，奧窔之間，簟席之上，斂然聖王之文章具焉，佛然平世之俗起焉，六說者不能入也，十二子者不能親也，無置錐之地而王公不能與之爭名，在一大夫之位則一君不能獨畜，一國不能獨容，成名況乎諸侯，莫不願以為臣，是聖人之不得勢者也，仲尼、子弓是也。

一天下，財萬物，長養人民，兼利天下，通達之屬，莫不從服，六說者立息，十二子者遷化，則聖人之得勢者，舜、禹是也。

今夫仁人也，將何務哉？上則法舜、禹之制，下則法仲尼、子弓之義，以務息十二子之說。如是則天下之害除，仁人之事畢，聖王之跡著矣。

信信，信也；疑疑，亦信也。貴賢，仁也；賤不肖，亦仁也。言而當，知也；默而當，亦知也。故知默猶知言也。故多言而類，聖人也；少言而法，君子也；多言無法而流湎然，雖辯，小人也。故勞力而不當民務，謂之奸事；勞知而不律先王，謂之奸心；辯說譬諭、齊給便利而不順禮義，謂之奸說。此三奸者，聖王之所禁也。知而險，賊而神，為詐而巧，言無用而辯，辯不急而察，治之大殃也。行闢而堅，飾非而好，玩奸而澤，言辯而逆，古之大禁也。知而無法，勇而無憚，察辯而操僻，淫大而用乏，好奸而與眾，利足而迷，負石而墜，是天下之所棄也。

兼服天下之心：高上尊貴不以驕人，聰明聖知不以窮人，齊給速通不爭先人，剛毅勇敢不以傷人；不知則問，不能則學，雖能必讓，然後為德。遇君則修臣下之義，遇鄉則修長幼之義，遇長則修子弟之義，遇友則修禮節辭讓之義，遇賤而少者則修告導寬容之義。無不愛也，無不敬也，無與人爭也，恢然如天地之苞萬物，如是則賢者貴之，不肖者親之。如是而不服者，則可謂訞怪狡猾之人矣，雖則子弟之中，刑及之而宜。《詩》云：「匪上帝不時，殷不用舊。雖無老成人，尚有典刑。曾是莫聽，大命

以傾。」此之謂也。

古之所謂仕士者，厚敦者也，合群者也，樂可貴者也，樂分施者也，遠罪過者也，務事理者也，羞獨富者也。今之所謂仕士者，汙漫者也，賊亂者也，恣睢者也，貪利者也，觸抵者也，無禮義而唯權勢之嗜者也。古之所謂處士者，德盛者也，能靜者也，修正者也，知命者也，箸是者也。今之所謂處士者，無能而云能者也，無知而云知者也，利心無足而佯無慾者也，行偽險穢而強高言謹愨者也，以不俗為俗，離縱而跂訾者也。

士君子之所能不能為：君子能為可貴，不能使人必貴己；能為可信，而不能使人必信己；能為可用，而不能使人必用己。故君子恥不修，不恥見汙；恥不信，不恥不見信；恥不能，不恥不見用。是以不誘於譽，不恐於誹，率道而行，端然正己，不為物傾側，夫是之謂誠君子。《詩》云：「溫溫恭人，維德之基。」此之謂也。

士君子之容：其冠進，其衣逢，其容良，儼然，壯然，祺然，蚑然，恢恢然，廣廣然，昭昭然，蕩蕩然，是父兄之容也。其冠進，其衣逢，其容愨，儉然，恀然，輔然，端然，訾然，洞然，綴綴然，瞀瞀然，是子弟之容也。

吾語汝學者之嵬容：其冠俛，其纓禁緩，其容簡連；填填然，狄狄然，莫莫然，瞡瞡然；瞿瞿然，儘儘然，盱盱然；酒食聲色之中則瞞瞞然，瞑瞑然；禮節之中則疾疾然，訾訾然；勞苦事業之中則儢儢然，離離然，偷儒而罔，無廉恥而忍，是學者之嵬也。

弟佗其冠，神其辭，禹行而舜趨，是子張氏之賤儒也。正其衣冠，齊其顏色，嗛然而終日不言，是子夏氏之賤儒也。偷儒憚事，無廉恥而耆飲食，必曰君子固不用力，是子游氏之賤儒也。

彼君子則不然。佚而不惰，勞而不侵，宗原應變，曲得其宜，如是，然後聖人也。

春秋時代之矛盾性與孔子

春秋時代之為矛盾時代，是中國史中最明顯之事實。蓋前此之西周與後此之戰國全為兩個不同之世界，則介其間者二三百年之必為轉變時期，雖無記載，亦可推想知之。況春秋時代記載之有涉政治社會者，較戰國轉為充富，《左傳》一書，雖編定不出於當時，而取材實為春秋列國之語獻，其書誠春秋時代之絕好證物也。（《左傳》今日所見之面目自有後人成分在內，然其內容之絕大部分必是戰國初年所編，說別詳。）春秋時代既為轉變時代，自必為矛盾時代，凡轉變時代皆矛盾時代也。

春秋時代之為矛盾，徵之於《左傳》、《國語》者，無往不然，自政治以及社會，自宗教以及思想，瀰漫皆是。其不與本文相涉者，不具述，述當時天人論中之矛盾。

春秋時代之天道觀，在正統派自仍保持大量之神權性，又以其在周誥後數百年，自亦必有充分之人定論。試看《左氏》、《國語》，幾為鬼神災祥佔夢所充滿，讀者恍如置身殷商之際。彼自言「國之大事在祀與戎」，則正是殷商卜辭之內容也。此誠汪容甫所謂其失也巫矣。然亦偶記與此一般風氣極端相反之說，其說固當時之新語，亦必為《左氏》、《國語》作者所認為嘉話者也。舉例如下：

季梁……對曰，「夫民神之主也。」（桓六）

〔宮之奇〕對曰……「如是，則非德民不和，神不享矣。神所憑依，

將在德矣。」（僖五）及惠公在秦，曰「先君若從史蘇之佔，吾不及此夫。」韓簡侍曰，「……先君之敗德，其可數乎？史蘇是佔，勿從何益？」（僖十五）

〔周內史叔興父〕對曰「……是陰陽之事，非吉凶所生也。吉凶由人。」（僖十六）

邾文公卜遷於繹。史曰，「利於民而不利於君。」邾子曰，「苟利於民，孤之利也。天生民而樹之以君，以利之也。民既利矣，孤必與焉。」左右曰，「命可長也，君何弗為？」邾子曰，「命在養民。死之短長，時也。民苟利矣，遷也，吉莫如之！」遂遷於繹。五月，邾文公卒。君子曰「知命」。（文十三）

晉侯問於士弱曰，「吾聞之，宋災，於是乎知有天道，何故？」對曰，「……商人閱其禍敗之釁，必始於火，是以曰知其有天道也。」公曰「可必乎？」對曰「在道，國亂無象，不可知也。」（襄九）

楚師伐鄭……〔晉〕董叔曰，「天道多在西北，南師不時，必無功。」叔向曰，「在其君之德也。」（襄十九）有星孛於大辰。……鄭裨灶言於子產曰，「宋衛陳鄭將同日火。若我用瓘斝玉瓚，鄭必不火。」子產弗與。……戊寅、風甚，壬午、大甚。宋、衛、陳、鄭、皆火。……裨灶曰，「不用吾言，鄭又將火。」鄭人請用之，子產不可。子大叔曰，「寶以保民也。若有火。國幾亡。可以救亡，子何愛焉？」子產曰，「天道遠，人道邇，非所及也，何以知之？灶焉知天道？是亦多言矣。豈不或信？」遂不與，亦不復火。（昭十七至十八）

此中所論固與周召之誥一線相承，然其斷然抹殺佔夢所示，及當時之天道論，實比託詞吉卜之大誥猶為更進一步。此等新說固與時人之一般行

049

事不合，《左傳》自身即足證明之矣。

春秋時代之人論，在一般人仍是依族類而生差別之說。《左氏》書既引史佚「非我族類其心必異」之語，又假鄭小駟以喻之，以種言，則別夷狄華夏（富辰語，見僖二十四），以等言，則辨君子小人（陰飴甥語，見僖十五）。然「斯民同類」之意識，亦時時流露，既稱晉文聽輿人之誦，復美曹沫鄙肉食之言，對於庶民之觀念已非如往昔之但以為「氓之蚩蚩」也。且其時族類間之界畫已不甚嚴：「雖楚有才，晉實用之。」絳登狐氏，秦用由余。其於吳也，固賤其為斷髮之荊蠻，亦奉之為姬姓之長宗。其於秦也，猶未如魏邦既建田氏纂齊之時以夷狄遇之也。再就階級言之。周誥之詞，固已認人事勝天定，猶絕無君侯之設乃為庶民服務之說，然此說在《左傳》則有之。師曠曰，「天之愛民甚矣，豈其使一人肆於民上？」宮之奇曰，「夫民，神之主也，是以聖王先成民而後致力於神。」邾文公曰，「命在養民。」由此前進一步，便是孟子民貴君輕之談，其間可無任何過渡階級矣。

括而言之，春秋時代，神鬼天道猶頗為人事之主宰，而純正的人道論亦嶄然出頭。人之生也，猶辨夷夏之種類，上下之差別，而斯民同類說亦勃然以興。此其所以為矛盾時代。生此時代之思想家，如不全仍舊貫，或全作新說，自必以調和為途徑，所謂集大成者，即調和之別名也。

孔子

孔子一生大致當春秋最後三分之一，則春秋時代之政治社會變動自必反應於孔子思想之中。孔子生平無著述（作《春秋》贊《周易》之說，皆不可信。），其言語行事在後世雜說百出，今日大體可持為據者，僅《論語》、《檀弓》兩書耳。《檀弓》所記多屬於宗教範圍，故今日測探孔子之天

人論應但以《論語》為證矣。試繹《論語》之義，誠覺孔子之於天人論在春秋時代為進步論者，其言與上文所引《左傳》所載之新說嘉話相同，而其保持正統遺訓亦極有力量。然則孔子並非特異之學派，而是春秋晚規開明進步論者之最大代表耳。孔子之宗教以商為統，孔子之政治以周為宗。以周為宗，故曰，「如有用我者，吾其為東周乎。」其所謂「為東周」者，正以齊桓管仲為其具體典範。故如為孔子之政治論作一名號，應曰霸道，特此所謂霸道遠非孟子所界說者耳。

孔子之言性與天道，一如其政治論之為過渡的，轉變的。《論語》記孔子言性與天道者不詳，此似非《論語》取材有所簡略，蓋孔子實不詳言也。子夏曰，「夫子之文章可得而聞也，夫子之言性與天道不可得而聞也已。」（據倭本增「已」字）《論語》又曰，「子罕言利，與命，與仁。」（宋儒或以為與命與仁之與字應作動字解，猶言許命許仁也。此說文法上實不可通。與之為連續詞毫無可疑。晉語言，「殺晉君，與逐出之，與以歸之，與復之，孰利？」此同時書中語法可徵者也）今統計《論語》諸章，誠哉其罕言，然亦非全不言也。列舉如下：

子曰，「……五十而知天命。」（為政）

子曰，「不知命無以為君子也。」（堯曰）

子曰，「君子有三畏，畏天命，畏大人，畏聖人之言。

小人不知天命而不畏也，狎大人，侮聖人之言。」（季氏）

子曰，「道之將行也與，命也。道之將廢也與，命也。公伯寮其如命何？」（憲問）

子曰，「天生德於予，桓魋其如予何？」（述而）子畏於匡，曰，「文王既歿，文不在茲乎？天之將喪斯文也，後死者不得於斯文也。天之未喪

斯文也，匡人其如予何？」（子罕）

子曰，「鳳鳥不至，河不出圖，吾已矣夫！」（子罕）

顏淵死，子曰，「噫，天喪予，天喪予！」（先進）

伯牛有疾，子問之，自牖執其手，曰，「亡之，命也夫，斯人也而有斯疾也，斯人也而有斯疾也！」（雍也）

子疾病，子路請禱，子曰，「有諸？」子路對曰，「有之。誄曰，『禱爾於上下神祇。』」

子曰，「丘之禱久矣。」（述而）

子夏曰，「商聞之矣（此當是聞之孔子，故並引），『死生有命，富貴在天。』」（顏淵）

子曰，「莫我知也夫！」子貢曰，「何為其莫知子也？」

子曰，「不怨天，不尤人，下學而上達，知我者，其天乎？」（憲問）

子曰，「予欲無言。」子貢曰，「子如不言，則小子何述焉？」子曰，「天何言哉？四時行焉，百物生焉。天何言哉？」（陽貨）

子不語怪，力，亂，神。（述而）

理會以上所引，知孔子之天道觀有三事可得言者：

其一事曰，孔子之天命觀念，一如西周之傳說，春秋之世俗，非有新界說在其中也。孔子所謂天命，指天之意志，決定人事之成敗吉凶禍福者，其命定論之彩色不少。方其壯年，以為天生德於予，庶幾其為東周也，及歲過中年，所如輒不合，乃深感天下事有不可以人力必成者，乃以知天命為君子之德。顏回司馬牛早世，則歸之於命，公伯寮桓魋見謀，則歸之於命，鳳鳥不至，而西狩獲麟，遂嘆道之窮矣。在後人名之曰時，曰

會合，在今人名之曰機會者，在孔時尚不用此等自然名詞，仍本之傳統，名之曰天命。孔子之所謂天命，正與金文《周誥》之「天令」（或作天命）為同一名詞，雖彼重言命之降，此重言命之不降，其所指固一物，即吉凶禍福成敗也。

其二事曰，孔子之言天道，雖命定論之彩色不少，要非完全之命定論，而為命定論與命正論之調合。故曰，「一日克己復禮，天下歸仁焉」，又曰，「知我者其天乎！」夫得失不繫乎善惡而天命為前定者，極端命定論之說也，善則必得天眷，不善則必遭天殃，極端命正論之說也。後說孔子以為蓋不盡信，前說孔子以為蓋無可取，其歸宿必至於俟命論。所謂俟命論者，謂修德以俟天命也。凡事求其在我，而不責其成敗於天，故曰「不怨天」，盡人事而聽天命焉，故曰「丘之禱久矣」。此義孟子發揮之甚為明切，其辭曰，「修身以俟之」，又曰，「順受其正」，又曰，「盡其道而死者正命也」。此為儒家天人論之核心，阮芸臺言之已詳，今不具論。

其三事曰，孔子之言天道，蓋在若隱若顯之間，故罕言之，若有所避焉，此與孔子之宗教立場相應，正是脫離宗教之道德論之初步也。夫罕言天道，是《論語》所記，子貢所嘆。或問禘之說，孔子應之曰，「不知也，知其說則於天下猶運之掌。」是其於天也，猶極虔敬而尊崇，蓋以天道為禮之本，政事為禮之用。然而不願諄諄言之者，言之詳則有時失之誣，言之詳則人事之分量微，此皆孔子所不欲也。與其詳言而事實無徵，何如虔敬以寄託心志，故孔子之不詳言，不可歸之記錄有關，實有意如此耳。子不語「怪，力，亂，神」，然而「祭如在，祭神如神在」。又曰，「吾不與祭，如不祭」。其宗教之立場如此，其道德論之立場亦復一貫。孔子之道德觀念，其最前假定仍為天道，並非自然論，亦未純是全神論（pantheism），惟孔子並不盤桓於宗教思想中，雖默然奉天以為大本，其詳言之

者，乃在他事不在此也。

如上所言，其第一事為古昔之達名，其二三兩事亦當時賢智之通識，孔子誠是春秋時代之人，至少在天道論上未有以超越時代也。在彼時取此立場固可得暫時之和諧，然此立場果能穩定乎？時代既已急轉，思想主宰既已動搖，一發之勢不可復遏，則此半路之立場非可止之地。故墨子對此施其攻擊，言天之明明，言命之昧昧，而孟子亦在儒家路線上更進一步，舍默爾而息之態，為深切著明之辭。孔子能將春秋時代之矛盾成一調和、卻不能使此調和固定也。

孔子之天論立於中途之上，孔子之人論亦復如是。古者以為人生而異，族類不同而異，等差不同而異，是為特別論之人性說，後世之孟子以為人心有其同然，聖人先得人心之同然者也，是為普遍論之人性說，孔子則介乎二者之間。今引《論語》中孔子論人之生質諸事。

子曰，「性相近也，習相遠也。」（陽貨）

子曰，「惟上智與下愚不移。」（陽貨）

子曰，「中人以上可以語上也，中人以下不可以語上也。」（雍也）

孔子曰，「生而知之者上也，學而知之者次也，困而學之又其次也，因而不學，民斯為下矣。」（季氏）

子曰，「民可使由之，不可使知之。」（泰伯）

子曰。「惟女子與小人為難養也。近之則不遜，遠之則怨。」（陽貨）

孔子以為人之生也相近，因習染而相遠，足徵其走上普遍論的人性說已遠矣，然猶未至其極也。故設上智下愚之例外，生而知，學而知，困而學之等差，猶以為氓氓眾生，所生之憑藉下，不足以語於智慧，女子小人未有中上之素修，乃為難養，此其與孟子之性善論迥不侔矣。

　　在人論上，遵孔子之道路以演進者，是荀卿而非孟子。孔子以為人之生也，大體不遠，而等差亦見，故必濟之以學，然後歸於一路。孔子認為盡人皆須有此外工夫，否則雖有良才，無以成器，雖顏回亦不是例外，故以克己復禮教之。此決非如孟子所謂「萬物皆備於我，反身而誠樂莫大焉」者也。引《論語》如下：

　　子曰，「我非生而知之者。好古，敏以求之者也。」（述而）

　　子曰，「……好仁不好學，其蔽也愚。好知不好學，其蔽也蕩。好信不好學，其蔽也賊。好直不好學，其蔽也絞。好勇不好學，其蔽也亂。好剛不好學，其蔽也狂。」（陽貨）

　　孔子對曰，「有顏回者好學，不遷怒，不貳過。」（雍也）

　　顏淵問仁。子曰，「克己復禮為仁。一日克己復禮，天下歸仁焉。為仁由己，而由人乎哉？」顏淵曰，「請問其目。」子曰，「非禮勿視，非禮勿聽，非禮勿言，非禮勿動。」（顏淵）顏淵喟然嘆曰，「……夫子循循然，善誘人，博我以文，約我以禮。」（子罕）

　　子貢問曰，「孔文子，何以謂之文也。」子曰，「敏而好學，不恥下問，是以謂之文也。」（公冶長）

　　孔子以為人之生也不齊，必學而後志於道，荀子以為人之生也惡，必學而後據於德。其人論雖有中性與極端之差，其濟之之術則無異矣。茲將孔孟荀三氏之人性說圖以明之。

　　後人以尊德性、道問學分朱陸，其實此分辯頗適用於孟子荀卿，若孔子，與其謂為尊德性，勿寧謂之為道問學耳。

　　孔子之地位，在一切事上為承前啟後者，天人論其一焉。

孟子之性善論及其性命一貫之見解

墨子亟言天志，於性則闕之，是亦有故。大凡以宗教為思想之主宰者，所隆者天也，而人為藐小，故可不論。務求脫去宗教色彩之哲學家，不得不立其大本，而人適為最便於作此大本者。此雖不可一概論，然趨向如是者多矣。墨學以宗教為本，其不作人論也，固可假設以書缺有間，然墨義原始要終，今具存其旨要，辯說所及，枝葉扶疏，獨不及於人論者，絕不似天人之論失其一半，蓋墨子既稱天而示行，則無所用乎稱人以載道也。

孟子一反墨家自儒反動之路，轉向儒家之本而發展之，其立場比孔子更近於全神論及自然論，即比孔子更少宗教性。夫立於全神論，則雖稱天而天實空，並於自然論，則天可歸之冥冥矣。此孟子不亟言天而侈論性之故與？

孟子之言天道也，與孔子無殊，在此一界中，孟子對孔子，無所增損，此義趙岐已言之：

宋桓魋害孔子，孔子稱「天生德於予」。魯臧倉毀隔孟子，孟子曰，「臧氏之子，焉能使餘不遇哉？」旨意合同，若此者眾。

其謂際合成敗有待於天命者如此。雖然，孔子孟子之所謂天命，非陰陽家之天命，其中雖有命定之義，亦有命正之義焉，所謂「修身以俟之」，「盡其道而死者正命也」（《盡心・上》）。此以義為命之說，自謂述之於孔子：

彌子謂子路曰，「孔子主我，衛卿可得也。」子路以告。孔子曰「有命」。孔子進以禮、退以義，得之不得曰有命。而主癰疽與侍人瘠環，是無義無命也。（《萬章・上》）

　　且以為天命之降否縱一時有其不可知者，結局則必報善人：

　　苟為善，後世子孫必有王者矣。君子創業乖統，為可繼也。若夫成功則天也。君如彼何哉？強為善而已矣。（《梁惠王・下》）

　　其命正論之趨向固如是明顯，然命運論之最早見於載籍者亦在《孟子》中：

　　天下之生久矣，一治一亂。

　　五百年必有王者興，其間必有名世者。

　　此則微似鄒衍矣。孟子固不自知其矛盾也。

　　今於說孟子性善論之前，先述孟子思想所發生之環境。墨翟之時，孔學鼎盛，「墨子學儒者之業，受孔子之術，以為其禮煩擾而不悅，厚葬靡財而貧民，久服傷生而害事，故背周道而用夏政。」（《淮南要略》）蓋務反儒者之所為也。孟軻之時，「楊朱墨翟之言盈天下，天下之言不歸楊則歸墨。」孟子以為楊朱之言性（生），徒縱口耳之慾，養其一體即忘其全也，遂惡養小以失大，且以為性中有命焉。

　　今楊義不存，孟子言之激於楊氏而出者，不可盡知，然其激於墨氏而出者，則以墨義未亡，大體可考。墨子立萬民之利以為第三表，孟子則聞利字若必洗耳然，以為此字一出乎心，其後患不可收拾。其務相反如此。墨子以為上天兼有世人，兼而食之，遂兼而愛之。孟子以為「人之於身也兼所愛，兼所愛則兼所養」，其受墨說影響之辭氣又如此。此雖小節，然尤足證其影響之甚也。

　　若夫孔子，以為杞宋不足徵，周監於二代，乃從后王之政。墨子侈言遠古，不信而徵，復立儀範虞夏之義，以為第一表。孟子在墨子之後，乃不能上返之於孔子，而下遷就於墨說，從而侈談洪荒，不自知其與彼「盡

信書則不如無書」之義相違也。故孟子者，在性格，在言談，在邏輯，皆非孔子之正傳，且時與《論語》之義相背，彼雖以去聖為近，願樂孔子，實則純是戰國風習中之人，墨學磅礴後激動以出之新儒學也。

在性論上，孟子全與孔子不同，此義宋儒明知之，而非宋儒所敢明言也。孔子之人性說，以大齊為斷，以中性為解，又謂必濟之以學而後可以致德行，其中絕無性善論之含義，且其勸學乃如荀子。孟子舍宗教而就倫理，罕言天志而侈言人性，墨子以為仁義自天出者，孟子皆以為自人出矣。墨孟皆道德論者，道德論者，必為道德立一大本，墨子之大本，天也，孟子之大本，人也，從天志以兼愛，與夫擴充性端以為仁義，其結構同也。是則孟子之性善說，亦反墨反宗教後應有之一種道學態度矣。

當孟子時，論人生所賦之質者不一其說，則孟子之亟言性也，亦時代之所尚，特其質言性善者是其創作耳。當時告子以為「性無善無不善」，此鄰於道家之說。又或以為「性可以為善，可以為不善，是故文武興則民好善，幽厲興則民好暴」，此似同於孔子之本說。又或以為「有性善，有性不善，是故以堯為君而有象，以瞽瞍為父而有舜」，此則孔子所指上智下愚不移之例外也（以上或說皆見《告子篇・上》）。今孟子皆非之，與孔子迥不侔矣。

《告子》性超善惡之說，以為仁義自外習成，非生之所其，欲人之仁義，必矯揉之然後可。孟子性善之說，以為仁義禮智皆出於內心，即皆生來之稟賦，故以性為善，其為惡者人為也，《孟子》書中立此義者多，引其辨析微妙者一章：

孟季子問於公都子曰，「何以為義內也？」曰，「行吾敬，故謂之內也。」

「鄉人長於伯兄一歲。則誰敬?」曰,「敬兄。」

「酌則誰先?」曰,「酌鄉人。」

「所敬在此,所長在彼,果在外非由內也。」

公都子不能答,以告孟子。孟子曰,「敬叔父乎,敬弟乎?彼將曰敬叔父。曰,弟為尸則誰敬?彼將曰敬弟。子曰,惡在其敬叔父也。彼將曰,在位故也。子亦曰,在位故也。庸敬在兄,斯須之敬在鄉人。」

季子聞之,曰,「敬叔父則敬,敬弟則敬,果在外非由內也。」

公都子曰,「冬日則飲湯,夏日則飲水,然則飲食亦在外也。」

義者,是非之辯,所以論於行事者也,孟季子重言行事之本身,以為因外界之等差而異其義方,故認為義外,孟子重言其動機,以為雖外跡不齊,而其本自我,故認為義內。自今日視之,此等議論,皆字面之辯耳。雖然,歐洲哲學家免於字面之辯者又幾人乎?

今更引孟子論性各章中最能代表其立說者之一章:

孟子曰,「乃若其情,則可以為善矣,乃所謂善也。若夫為不善,非才之罪也。」

「惻隱之心,人皆有之,羞惡之心,人皆有之,恭敬之心,人皆有之,是非之心,人皆有之。惻隱之心,仁也,羞惡之心,義也,恭敬之心,禮也,是非之心,智也。仁、義、禮、智、非由外鑠我也,我固有之也。弗思耳矣。故曰,求則得之,舍則失之,或相倍蓰而無算者,不能盡其材者也。(《告子·上》)

夫曰「可以為善」,即等於說不必定為善也,其可以為善者,仁義禮智之端皆具於內,擴而充之斯善矣,其不為善者,由於不知擴充本心,外物誘之,遂陷於不義,所謂不能盡其材也。此說以善為內,以惡為外,儼

然後世心學一派之說，而與李習之復性之說至近矣。孟子既以人之為善之動機具於內，乃必有良知良能論：

孟子曰，「人之所不學而能者，其良能也，所不慮而知者，其良知也。孩提之童，無不知愛其親也，及其長也，無不知敬其兄也，親親，仁也，敬長，義也。無他，達之天下也。」

而此良知良能又是盡人所有者，人之生性本無不同也。

孟子曰，「富歲子弟多賴，兇歲子弟多暴，非天之降才爾殊也，其所以陷溺其心者然也。今夫麥，播種而耰之，其地同，樹之時又同，勃然而生，至於日至之時皆熟矣。雖有不同，則地有肥磽，雨露之養，人事之不齊也。

「故凡同類者舉相似也，何獨至於人而疑之？聖人與我同類者。故龍子曰，『不知足而為屨，我知其不為蕢也。』屨之相似，是天下之足同也。

「故曰，口之於味也，有同耆焉，耳之於聲也，有同聽焉，目之於色也，有同美焉，於心獨無所同然乎？心之所同然者何也，謂理也，義也。……故義理之悅我心，猶芻豢之悅我口。」（《告子・上》）

既以為天下之人心同，又以為萬物皆備於我。以為萬物皆備於我，而孟子之性善論造最高峰矣。

孟子曰，「萬物皆備於我矣。返身而誠，樂莫大焉。強恕而行，求仁莫近焉。」

古無真字，後世所謂真，古人所謂誠也。

至於為惡之端，孟子皆歸之於外物：

孟子曰，「牛由之木嘗美矣，以其郊於大國也，斧斤伐之，可以為美乎？是其日夜之所息，雨露之所潤，非無萌蘗之生焉，牛羊又從而牧之，

是以若彼濯濯也。人見其濯濯也，以為未嘗有材焉，此豈山之性也哉？雖存乎人者，豈無仁義之心哉？其所以放其良心者，亦猶斧斤之於木也。旦旦而伐之，可以為美乎？其日夜之所息，平旦之氣，其好惡與人相近也者幾希。則其旦晝之所為，有梏亡之矣。梏之反覆，則其夜氣不足以存。夜氣不足以存，則其違禽獸不遠矣。人見其禽獸也，而以為未嘗有才焉者，是豈人之情也哉？故苟得其養，無物不長，苟失其義養，無物不消。孔子曰，『操則存，舍則亡，出入無時，莫知其鄉。』惟心之謂與！」（《告子・上》）

孟子既以善為內，以惡為外，故其教育論在乎養心放心，而不重視力學，其言學問亦僅謂「求其放心而已矣」。此亦性善說之所必至，猶之勸學為性惡論者之所必取也。

孟子之論性如此，自必有盡心之教育說，養生之社會論，民貴之政治論，些三事似不相干，實為一貫，蓋有性善之假定，三義方可樹立也。不觀乎《厄米爾》之作者與《民約論》之作者在歐洲亦為一人乎？

孟子之性命一貫見解

依本書上卷字篇所求索，命字之古本訓為天之所令，性字之古本訓為天之所生。遠古之人，宗教意識超過其他意識，故以天令為諄諄然命之，復以人之生為天實主之，故天命人性二觀念，在其演進之初，本屬同一範域。雖其後重言宗教者或寡言人性，求擺脫宗教神力者或重言人性，似二事不為一物然，然在不全棄宗教，而又走上全神論自然論之道路之儒家，如不求其思想成一條貫則已，如一求之，必將二事作為一系，此自然之理也。孟子以前書缺不可知，孟子之將二事合為一論者今猶可徵也。

孟子曰，「口之於味也，目之於色也，耳之於聲也，鼻之於臭也，四肢之於安佚也，性也。有命焉。君子不謂性也。

「仁之於父子也，義之於君臣也，禮之於賓主也，知之於賢者也，聖人之於天道也，命也。有性焉，君子不謂命也。」（《盡心》）

此章明明以性命二字相對相連為言，故自始為說性理者所注意。然趙岐（《孟子注》）朱子（《孟子章句》或問語類）戴震（《孟子字義疏證》第二十八條）程瑤田（《論學小記》）諸氏所解，雖亦或有精義，究不能使人感覺怡然理順者，則以諸氏或不解或不注意此處之性字乃生字之本訓，一如告子所謂「生之為性」之性（孟子在此一句上，並不駁告之，阮氏已詳言之矣），此處之命字乃天令之引申義，一如《左傳》所稱邾子「知命」之命，故反覆不得其解也。此一章之解，程朱較是，而趙氏戴震轉誤。程氏最近，又以不敢信孔孟性說之異，遂昧於宋儒分辨氣質義理二性之故。茲疏此章之義如下。

孟子之亟言性善，非一人獨提性之問題而謂之善，乃世人已侈談此題，而孟子獨謂之善以關群說也。告子之說，蓋亦當時流行性說之一也。其言以為「生之謂性」，孟子只可訾其無著落，不能謂此語之非是，此語固當時約定俗成之字義也。（如墨子訾儒之「樂以為樂」，謂之說等於不說則可謂之非是則不可。）故孟子之言性，亦每為生字之本訓，荀子尤甚。

孟子之言命，字面固為天命，其內含則為義，為則，不盡為命定之訓也。其為義者，「孔子進以禮，退以義，得之不得曰有命，而主癰疽與侍人瘠環，是無義無命也。」此雖聯義與命言，亦正明其相關為一事也。其為則者，孟子引詩，「天生蒸民有物有則」，而託孔子語以釋之曰，「有物必有則」。《孟子》之「物」則二解皆非本訓（物之本訓為大物，今所謂圖騰也。則之本訓為法憲，今所謂威權也，說別詳），然既以為天降物與則，

是謂命中有則也,故謂「盡其道而死者,正命也」。

字義既定,今疏此一章曰,口之好美味,目之好好色,耳之樂音聲,鼻之惡惡臭,四肢之慾安佚,皆生而具焉者也,告子所謂「食色性也」。然此亦得之於天者。「天生烝民,有物有則,民之秉彝,好是懿德」(均從孟子所解之義)。天命固有其正則焉,故君子不徒歸口、耳等於生之稟賦中,故不言「食色性也」。

仁者得以恩愛施於父子,義者得以義理施於君臣,好禮者得以禮敬施於賓主,聖者得以智慧明於天道,此固世所謂天命之正則也,然世人之能行此也,亦必由於生而有此稟,否則何所本而行此?「仁、義、禮、智,非由外鑠我也,我固有之也。」故君子不取義外之說,不徒言「義自天出」(墨義),而忘其亦自人出也。

故此一章亦是孟子與墨家及告子及他人爭論中之要義,而非憑空掉換字而以成玄渺之說。識性命二字之本訓,合孟子他章而觀之,其義至顯矣。此處孟子合言性命,而示其一貫,無異乎謂性中有命,命中有性,猶言天道人道一也,內外之辨妄也。(孟子云「盡其心者,知其性也,知其性則知天矣。存其心,養其性,所以事天也。天壽不貳,修身以俟之,所以立命也」。亦言天道人道為一物一事之義者。口之於味一章既識其義,此章可不解而明矣。)西漢博士所著之《中庸》云,「天命之謂性」,蓋孟子後儒家合言天人者已多,而西京儒學於此為盛焉。

古宗教立天以制人,墨子之進步的宗教,則將人所謂義者歸之於天,再稱天以制人。孟子之全神論的、半自然論的人本主義,復以人道解天道,而謂其為一物一則一體,儒家之思想進至此一步,人本之論成矣。

■ 附：論趙岐注

趙岐解此章，阮芸臺盛稱之，然趙氏釋命字作命定之義，遂全不可通。趙云：

……此（口，耳等）皆人性之所欲也。得居此樂者，有命祿，人不能皆如其願也。凡人則觸情從欲而求可樂，君子之道則以仁義為先，禮節為制，不以性慾故而苟求之也。故君子不謂性也。

……皆（仁義等）命祿遭遇，乃得居而行之，不遇者不得施行。然亦才性有之，故可用也（按此語不誤）。凡人則歸之命祿，任天而已，不復謂性，以君子之道，則修仁、行義、修禮、學知、庶幾聖人亹亹不倦，不但坐而聽命。故曰君子不謂命也。

〔章指〕尊德樂道，不任佚性。治性勤禮，不專委命。君子所能，小人所病。

此真漢儒之陋說，於孟子所用性命二字全昧其義。至以性為「性慾」，且曰，「治性」，「佚性」，豈孟子道性善者之義乎？漢儒純以其時代的陋解解古籍，其性論之本全在性善情惡之二元論（詳下卷）。而阮氏以為古訓如此，門戶之見存也。

■ 附：孟子《盡心・上》

孟子曰：「盡其心者，知其性也。知其性，則知天矣。存其心，養其性，所以事天也。殀壽不貳，修身以俟之，所以立命也。」

孟子曰：「莫非命也，順受其正。是故知命者不立乎巖牆之下。盡道而死者，正命也；桎梏死者，非正命也。」

孟子曰：「求則得之，舍則失之，是求有益於得也，求在我者也求之

有道，得之有命，是求無益於得也，求在外者也。」

孟子曰：「萬物皆備於我矣。反身而誠，樂莫大焉。強恕而行求仁莫近焉。」

孟子曰：「行之而不著焉，習矣而不察焉，終身由之而不知其道者，眾也。」

孟子曰：「人不可以無恥。無恥之恥，無恥矣。」

孟子曰：「恥之於人大矣！為機變之巧者，無所用恥焉。不恥不若人，何若人有？」

孟子曰：「古之賢王好善而忘勢；古之賢士何獨不然？樂則而忘人之勢。故王公不致敬盡禮，則不得亟見之。見且由不得亟；而況得而臣之乎？」

孟子謂宋勾踐曰：「子好遊乎？吾語子游：人知之，亦囂囂；人不知，亦囂囂。」

曰：「何如斯可以囂囂矣？」

曰：「尊德樂義，則可以囂囂矣。故士窮不失義，達不離道。窮不失義，故士得己焉；達不離道，故民不失望焉。古之人，得志，澤加於民；不得志，修身見於世。窮則獨善其身，達則兼善天下。」

孟子曰：「仁言不如仁聲之人人深也，善政不如善教之得民也。善政，民畏之；善教，民愛之。善政得民財，善教得民心。」

孟子曰：「人之所不學而能者，其良能也；所不慮而知者，其良知也。孩提之童無不知愛其親者，及其長也，無不知敬其兄也。親親，仁也；敬長，義也。無他，達之天下也。」

孟子曰：「人之有德、慧、術、知者，恆存乎疢疾。獨孤臣孽子，其操心也危，其慮患也深，故達。」

孟子曰：「有事君人者，事是君則為容悅者也；有安社稷臣者，以安社稷為悅者也；有天民者，達可行於天下而後行之者也；有大人者，正己而物正者也。」

孟子曰：「君子有三樂，而王天下不與存焉。父母俱存，兄弟無故，一樂也；仰不愧於天，俯不怍於人，二樂也；得天下英才而教育之，三樂也。君子有三樂，而王天下不與存焉。」

孟子曰：「廣土眾民，君子欲之，所樂不存焉；中天下而立，定四海之民，君子樂之，所性不存焉。君子所性，雖大行不加焉，雖窮居不損焉，分定故也。君子所性，仁義禮智根於心，其生色也睟然，見於面，盎於背，施於四體，四體不言而喻。」

孟子曰：「易其田疇，薄其稅斂，民可使富也。食之以時，用或禮，財不叮勝用也。民非水火不生活，昏暮叩人之門戶求水大，無弗與者，至足矣。聖人治天下，使有寂票如水火。寂粟如水火，而民焉有不仁者乎？」

孟子曰：「孔子登東山而小魯，登泰山而小天下。故觀於海者難為水，遊於聖人之廠工者難為言。觀水有術，必觀其瀾。日月有明，容光必照焉。流水之為物也，不盈科不行；君子之志於道也，不成章不達。」

孟子曰：「雞鳴而起，孳孳為善者，舜之徒也；雞鳴而起，孳孳利者，蹠之徒也。欲知舜與路之分，無他，利與善之間也。」

孟子曰：「楊子取為我，拔一毛而利天下，不為也。墨子兼愛，摩頂放踵利天下，為之。子莫執中。執中為近之。執中無權，猶執一也。所惡執一者，為其賊道也，舉一而廢百也。」

孟子曰：「飢者甘食，渴者甘飲，是未得飲食之正也，飢渴害之也。豈惟口腹有飢渴之害，人心亦皆有害。人能無以飢渴之害為心害，則不及人不為憂矣。」

孟子曰：「柳下惠，不以三公易其介。」

孟子曰：「堯舜，性之也；湯武，身之也；五霸，假之也。久假而不歸，惡知其非有也。」

公孫丑曰：「伊尹曰：予不狎於不順。放大甲於桐，民大悅。大甲賢，又反之，民大悅。賢者之為人臣也，其君不賢，則固可放與？」孟子曰：「有伊尹之志則可，無伊尹之志，則篡也。」

公孫丑曰：「詩曰：不素餐兮。君子之不耕而食，何也？」孟子曰：「君子居是國也，其君用之，則安富尊榮。其子弟從之，則孝悌忠信。不素餐兮，孰大於是。」

王子墊問曰：「士何事？」孟子曰：「尚志。」曰：「何謂尚志？」曰：「仁義而已矣。殺一無罪，非仁也。非其有而取之，非義也。居惡在，仁是也。路惡在，義是也。居仁由義，大人之事備矣。」

孟子曰：「仲子，不義與之齊國而弗受，人皆信之，是舍簞食豆羹之義也。人莫大焉亡親戚君臣上下，以其小者，信其大者，奚可哉？」

桃應問曰：「舜為天子，皋陶為士，瞽瞍殺人，如之何？」孟子曰：「執之而已矣。」「然則舜不禁與？」曰：「夫舜惡得而禁之，夫有所受之也。」「然則舜如之何？」曰：「舜視棄天下，猶棄敝屣也。竊負而逃，遵海濱而處，終身欣然，樂而忘天下。」

孟子自范之齊，望見齊王之子，喟然嘆曰：「居移氣，養移體。大哉居乎！夫非盡人之子與？」孟子曰：「王子宮室車馬衣服多與人同，而王

子若彼者，其居使之然也。況居天下之廣居者乎？魯君之宋，呼於垤澤之門，守者曰：此非吾君也，何其聲似我君也？此無他，居相似也。」

孟子曰：「食而弗愛，豕交之也。愛而不敬，獸畜之也。恭敬者，幣之未將者也。恭敬而無實，君子不可虛拘。」

孟子曰：「形色，天性也。惟聖人然後可以踐形。」

齊宣王欲短喪，公孫丑曰：「為期之喪，猶愈於已乎。」孟子曰：「是猶或紾其兄之臂，子謂之故徐徐云爾。亦教之孝悌而已矣。」王子有其母死者，其傅為之請數月之喪，公孫丑曰：「若此者何如也？」曰：「是欲終之而不可得也，雖加一日愈於已。謂夫莫之禁而弗為者也。」

孟子曰：「君子之所以教者五：有如時雨化之者，有成德者，有達財者，有答問者，有私淑艾者。此五者，君子之所以教也。」

公孫丑曰：「道則高矣美矣，宜若登天然，似不可及也。何不使彼為可幾及，而日孳孳也。」孟子曰：「大匠不為拙工改廢繩墨，羿不為拙射變其彀率。君子引而不發，躍如也。中道而立，能者從之。」

孟子曰：「天下有道，以道殉身，天下無道，以身殉道。未聞以道殉乎人者也。」

公都子曰：「滕更之在門也，若在所禮，而不答，何也？」孟子曰：「挾貴而問，挾賢而問，挾長而問，挾有勳勞而問，挾故而問，皆所不答也。滕更有二焉。」

孟子曰：「於不可已而已者，無所不已。於所厚者薄，無所不薄也。其進銳者其退速。」

孟子曰：「君子之於物也，愛之而弗仁；於民也，仁之而弗親。親親而仁民，仁民而愛物。」

孟子日：「知者無不知也，當務之為急；仁者無不愛也，急親賢之為務。堯舜之知而不遍物，急先務也。堯舜之仁，不遍愛人，急親賢也。不能三年之喪，而緦小功之察，放飯流啜，而問無齒決，是之謂不知務。」

荀子之性惡論及其天道觀

以荀卿韓非之言為證，孟子之言，彼時蓋盈天下矣。荀子起於諸儒間，爭儒氏正統，在戰國風尚中，非有新義不足以上說下教，自易於務反孟子之論，以立其說。若返之於孔子之舊誼，盡棄孟氏之新說，在理為直截之路，然荀子去孔子數百年，時代之變已大，有不可以盡返者。且荀卿趙人，諸儒名家，自子游而外，大略為鄒魯之士，其為齊衛人者不多見，若三晉，則自昔有其獨立之學風（魏在三晉中，較能接受東方學風），乃法家之宗邦，而非儒術之靈士。

荀卿生長於是邦，曾西遊秦，南仕楚，皆非儒術熾盛之地，其遊學於齊年已五十，雖其響慕儒學必有直接或間接之鄒魯師承，而其早歲環境之影響終不能無所顯露。今觀《荀子‧陳義》，其最引人注意者為援法入儒。荀氏以隆禮為立身施政之第一要義，彼所謂禮實包括法家所謂法（修身篇，「禮者，法之大分，類之紀綱也。」如此界說禮字，在儒家全為新說），彼所取術亦綜核名實，其道肅然，欲一天下於一政權一思想也。其弟子有韓非李斯之倫者，是應然，非偶然。

今知荀子之學，一面直返於孔子之舊，一面援法而入以成儒家之新，則於荀子之天人論，可觀其竅妙矣。荀子以性惡論著聞，昔人以不解荀子所謂「人性惡，其為善者偽也」之字義，遂多所誤會。關於「偽」字者，清

代漢學家已矯正楊注之失，郝懿行以為即是「為」字，其說無以易矣，而《性惡》、《天論》兩篇中之性字應是生字，前人尚無言之者，故荀子所以對言性偽之故猶不顯，其語意猶未澈也。今將兩篇中之性字一齊作生字讀，則義理順而顯矣。

荀子以為人之生也本惡，其能為善者，人為之功也，從人生來所稟賦，則為惡，法聖王之製作以矯揉生質，則為善。其言曰：（文中一切性字皆應讀如生字，一切偽字皆應讀如為字，荀子原本必如此。）

人之性（生）惡，其善者偽（為）也。今人之性（生），生而有好利焉，順是，故爭奪生而辭讓亡焉。生而有疾惡焉，順是，故殘賊生而忠信亡焉。生而有耳目之欲，好聲色焉（好上原衍生字據王先謙說刪），順是，故淫亂生而禮義文理亡焉。然則從人之性（生），順人之情，必出於爭奪，合於犯分亂理而歸於暴。故必將有師法之化，禮義之道，然後出於辭讓，合於文理而歸於治。用此觀之，然則人之性（生）惡明矣，其善者偽（為）也。故枸木必將待隱括烝矯然後直，鈍金必將待礱厲然後利。今人之性（生）惡，必將待師法然後正，得禮義然後治。

孟子曰，「人之學者其性（生）善。」曰，是不然，是不及知人之性（生），而不察乎人之性（生）偽（為）之分者也。凡性（生）者，天之就也，不可學，不可事。禮義者，聖人之所生也，人之所學而能，所事而成者也。不可學，不可事，而在人者，謂之性（生），可學而能，可事而成之在人者，謂之偽（為），是性（生）偽（為）之分也。……問者曰，人之性（生）惡，則禮義惡生？應之曰，凡禮義者是生於聖人之偽（為），非故生於人之性（生）也。故陶人埏埴而為器，然則器生於工人之偽（為），非故生於陶（據王念孫說補陶字）人之性（生）也。故工人斷木而成器，然則器生於工人之偽（為），非故生於工（據王念孫說補工字）人之性（生）也。

　　聖人積思慮，習偽（為）故，以生禮義，而起法度，然則禮義法度者，是生於聖人之偽（為），非故生於人之性（生）也。若夫目好色，耳好聲，口好味，心好利，骨體理膚好愉佚，是皆生於人之情性（生）者也，感而自然，不待事而後生之者也。夫感而不能然，必且待事而後然者，謂之（之下「生於」二字據王說刪）偽（為）。是性（生）偽（為）之所生，其不同之徵也。故聖人化性（生）而起偽（為）。偽（為）起而生禮義，禮義生而製法度。則然禮義法度者，是聖人之所生也。故聖人之所以同於眾，其不異於眾者，性（生）也，所以異而過眾者偽（為）也。……凡人之欲為善者為性（生）惡也。……故性（生）善則去聖王，息禮義矣，性（生）惡，則與聖王，貴禮義矣。故隱栝之生，為枸木也，繩墨之起，為不直也，立君上，明禮義，為性（生）惡也。……（《性惡篇》，篇中若干性字盡讀為生字，固似勉強，然若一律作名詞看，則無不可矣。說詳上卷）

　　既知荀子書中之性字本寫作生字，其偽字本寫作為字，則其性惡論所發揮者，義顯而理充。如荀子之說，人之生也其本質為惡，故必待人工始可就於禮義，如以為人之生也善，則可不待人工而自善，猶之乎木不待矯揉而自直，不需乎聖王之制禮義，不取乎學問以修身也，固無是理也。無是理，則生來本惡明矣。

　　彼以「生」「為」為對待，以惡歸之天生，以善歸之人為。若以後代語言達其意，則荀子蓋以為人之所以為善者，人工之力，歷代聖人之積累，以學問得之，以力行致之，若從其本生之自然，則但可趨於惡而不能趨於善也。此義有其實理，在西方若干宗教若干哲學有與此近似之大假定。近代論人之學，或分自然與文化為二個範疇（此為德國之習用名詞），其以文化為擴充自然者，近於放性主義，其以文化為克服自然者，近於制性主義也。

　　孟子曰，「乃若其情，則可以為善矣，若夫為不善，非才之罪也。」如反其詞以質孟子曰，「乃若其情，則可以為惡矣，若夫不為惡，非才之功也」。孟子將何以答之乎？夫曰「可以」，則等於說「非定」，謂「定」則事實無證，謂「非定」，則性善之論自搖矣。此等語氣，皆孟子之邏輯工夫遠不如荀子處。孟子之詞，放而無律，今若為盧前王后之班，則孟子之詞，宜在淳于髡之上，荀卿之下也。

　　其實荀子之說，今日觀之亦有其過度處。設若詰荀子云，人之生質中若無為善之可能，則雖有充分之人工又焉能為善？木固待矯揉然後可以為直，金固待冶者然後可以為兵，然而木固有其可以矯揉以成直之性，金固有其可以冶鍛以成利器之性，木雖矯揉不能成利器，金雖有良冶不能成珠玉也。夫以為性善，是忘其可以為惡，以為性惡，是忘其可以為善矣。吾不知荀子如何答此難也。荀子之致此缺陷，亦有其故，荀子搭擊之物件，孟子之性善說，非性無善無不善之說也，設如荀子與道家辯論，或變其戰爭之焦點，而稍修改其詞，亦未可知也。此亦論生於反之例也。（《禮論篇》云，「性者本始材樸也，偽者文理隆盛也。無性則偽之無所加，無偽則性不能自美。……性偽合而天下治。」已與性惡論微不同。）

　　自今日論之，生質者，自然界之事實，善惡者，人倫中之取捨也。自然在先，人倫在後，今以人之倫義倒名自然事實，是以後事定前事矣。人為人之需要而別善惡，天不為人之需要而生人，故善惡非所以名生質者也。且善惡因時因地因等因人而變，人性之變則非如此之速而無定也。雖然，自自然人變為文化人，需要累世之積業，無限之努力，多方之影響，故放心之事少，克己之端多，以大體言，荀說自近於實在，今人固不當泥執當時之詞名而忽其大義也。

　　有荀子之性惡論，自必有荀子之勸學說。性善則「求其放心」斯為學

問之全道，性惡則非有外工克服一身之自然趨勢不可也。孟荀二氏之性論為極端相反者，其修身論遂亦極端相反，其學問之物件遂亦極端相反。此皆系統哲學家所必然，不然，則為自身矛盾矣。

尋荀子之教育說，皆在用外功克服生質，其書即以勸學為首（此雖後人編定，亦緣後人知荀學之首重在此）。

此勸學之一篇在荀書中最有嚴整組織，首尾歷陳四義。其一義曰，善假於物而慎其所立：

于越夷貉之子，生而同聲，長而異俗，教使之然也……吾嘗終日而思矣，不如須臾之所學也（此述孔子語）。吾嘗跂而望矣，不如登高之博見也。登高而招，臂非加長也，而見者遠，順風而呼，聲非加疾也，而聞者彰。假輿馬者，非利足也，而致千里，假舟楫者，非能水也，而絕江河。君子生非異也，善假於物也。（《性惡篇》云，「堯舜之與桀蹠，其性一也，君子之與小人，其性一也。」）……西方有木焉，名曰射干，莖長四寸，生於高山之上，而臨百仞之淵，木莖非能長也，所立者然也。……故君子居必擇鄉（《論語》，「里仁為美」），遊必就士（此亦孔子損友益友之說），所以防邪僻而近中正也。……平地若一，水就溼也，草木疇生，禽獸群焉，物各從其類也。……君子慎其所立乎？

此言必憑藉往事之成績，方可後來居上，必立身於身好之環境，方可就善遠惡。其二義曰，用心必專一，此言治學之方也。

鍥而舍之，朽木不折，鍥而不捨，金石可鏤。螾無爪牙之利，筋骨之強，上食埃土，下飲黃泉，用心一也。蟹六跪而二螯，非蛇蟺之穴無可寄託者，用心躁也。是故無冥冥之志者，無昭昭之明，無惛惛之道者，無赫赫之功。……目不能兩視而明，耳不能兩聽而聰。……故君子結於一也。

其三義曰隆禮，此言治學之物件也。

學惡乎始，惡乎終？曰，其數則始乎誦經，終乎讀禮，其義則始乎為士，終乎為聖人。真積力久則入學，至乎沒而後止也。……禮者，法之大分，類之綱紀也，學至乎禮而止矣。……將原先王，本仁義，則禮正其經緯蹊徑也。……不道（王念孫曰，「道者由也。」）禮憲，以詩書為之，譬之猶以指測河也，以戈舂黍也，以錐殰壺也，不可以得之矣。故隆禮雖未明，法士也，不隆禮雖察辯，散儒也。

其四義曰貴全，貴全者，謂不為一曲之儒，且必一貫以求其無矛盾，此言所以示大儒之標準也。

君子知夫不全不粹之不足以為美也，故誦數以貫之，思索以通之，為其人以處之，除其害者以持養之。使目非是無慾見也，使耳非是無慾聞也，使口非是無慾言也，使心非是無慾慮也。……是故權利不能傾也，群眾不能移也，天下不能蕩也。生由乎是，死由乎是，夫是之謂德操。德操然後能定，能定然後能應，能定能應夫是之謂成人。天見其明，地見其光，君子貴其全也。

此雖僅示大儒之標準，其詞義乃為約律主義所充滿，足徵荀子之教育論，乃全為外物主義，絕不取內心論者任何一端以為說。

荀子既言學不可以已，非外功不足以成善人，此與盡心率性之說已極相反，至於所學之物件，孟子以為求其放心，荀子則以為隆禮，亦極端相反。荀子所謂禮者兼括當時人所謂法（修身篇曰，「故學也者，禮法也」，又曰，「故非禮是無法也」。），凡先聖之遺訓，后王之明教，人事之條理，事節之平正，皆荀子所謂禮也。（參見《修身》、《正名》、《禮論》各篇）故荀子之學禮，外學而非內也，節目之學而非籠統之義也。孟子「反身而

觀，樂莫大焉」，荀子及逐物而一一求其情理平直，成為一貫，以為學問之資。（在此義上，程朱之格物說與荀子為近）至其論學問之用於身也，無處不見約律主義，無處不是「克己復禮」之氣象，與孟子誠如冰炭矣。

荀子之論學，雖與孟子相違，然並非超脫於儒家之外，而實為孔子之正傳，蓋孟子別走新路，荀子又返其本源也。自孔子「克己復禮」之說引申之到極端，必有以性偽分善惡之論。自「非生而知之好古敏以求之」之說發揮之，其義將如勸學之篇。顏淵曰，「夫子博我以文，約我以禮，」此固荀子言學之方也。（參見《勸學》、《修身》等篇）若夫「非禮勿視，非禮勿聽，非禮勿言，非禮勿動」，以及好仁不好學其蔽也愚，好知不好學其蔽也蕩……等語，皆是荀學之根本。孟子尊孔子為集大成，然引其說者蓋鮮，其義尤多不相干，若荀子，則為《論語》註腳者多篇矣。雖荀子嚴肅莊屬之氣象非如孔子之和易，其立說之本質則一系相承者頗多耳。

言學言教，孔荀所同，言性則孔荀表面上頗似不類。若考其實在，二者有不相干，無相違也。孔子以為性相近，而習相遠，此亦荀子所其言也。孔子別上智下愚，中人而上中人而下，此非謂生質有善惡也，言其材有差別也。蓋孔子時尚無性善性不善之問題，孔子之學論固重人事工夫，其設教之本仍立天道之範疇，以義歸之於天，斯無需乎以善歸之於性，故孔子時當無此一爭端也。

迨宗教之義既衰，學者乃舍天道而爭人性，不得不為義之為物言其本源，不能不為善之為體標其所出，於是乃有性善性惡之爭。言性善則孟子以義以善歸於人之生質，言性惡則荀子以義以善歸之先王后聖之明表。孔子時既無此題，其立說亦無設此題之需要。故孔荀在此一事上是不相干而不可謂相違也。若其克己復禮之說，極度引申可到性惡論，則亦甚有聯絡矣。

荀子之天道觀

荀子之性論，舍孟子之新路而返孔子之舊域，已如上文所述，其天道論則直向新徑，不守孔丘孟軻之故步，蓋啟戰國諸子中積極人生觀者最新派之天道論，已走盡全神論之道路，直入於無神論矣。請證吾說。早年儒家者，於天道半信半疑者也，已入純倫理學之異域，猶不肯舍其宗教外殼者也。孔子信天較篤，其論事則不脫人間之世，蓋其心中之天道已漸如後世所謂「象」者，非諄諄然之天命也。

孟子更罕言天，然其決意掃盡一切功用主義，舍利害生死之繫念，一以是非為正而毫無猶疑，尤見其宗教的涵養，彼或不自知，而事實如此。自孟子至於荀子，中經半世紀，其時適為各派方術家備極發展之世。儒家之外，如老子莊周，後世強合為一，稱之曰道家者，其天道論之發展乃在自然論之道路上疾行劇趨。老子宗天曰自然，莊子更歸天於茫茫冥冥。荀子後起，不免感之而變，激之而屬，於是荀子之天道論大異於早年儒家矣。其言曰：

天行有常，不為堯存，不為桀亡。應之以治則吉，應之以亂則兇。彊本而節用，則天不能貧，養備而動時，則天不能病，循道而不二，則天不能禍。故水旱不能使之飢渴，寒暑不能使之疾，妖怪不能使之兇。本荒而用侈，則天不能使之富，養略而動罕，則天不能使之全，通道而妄行，則天不能使之吉。……惟聖人為不求知天。……

故君子敬其在己者而不慕其在天者，小人錯其在已者而慕其在天者。君子敬其任己者而不慕其在天者，是以日進也。小人錯其在己者而慕其在天者，是以日退也。

雩而雨，何也？曰，無何也，猶不雩而雨也。日月食而救之，天旱而

雩，卜筮然後決大事，非以為得求也，以文之也。故君子以為文，而百姓以為神。以為文則吉，以為神則兇也。……

大天而思之，孰與物蓄而裁之？從天而頌之，孰與制大命而用之？望時而待之，孰與應時而使之？（天論）

讀此論，使人覺荀子心中所信當是無神論，夫老子猶曰「天道好還」，「天道無親常與善人」，此所言比之老子更為貶損天道矣。

雖然，荀子固儒家之後勁，以法孔子自命，若於天道一字不提，口號殊有不便，於是盡去其實而猶存其名，以為天與人分職，復立天情、天君、天官、天養、天政等名詞。此所謂天，皆自然現象也。荀子竟以自然界事實為天，天之為天者乃一掃而空矣。

荀子天道論立說既如此，斯遭遇甚大之困難。夫荀子者，猶是積極道德論中人，在莊子「舍是與非」，固可樂其冥冥之天，在荀子則既將天之威靈一筆勾銷矣，所謂禮義者又何所出乎？凡積極道德論者，不能不為善之一誼定其所自，墨子以為善自天出，孟子以為善自人之生質出，荀子既墮天而惡性，何以為善立其大本乎？

於是荀子立先王之遺訓，聖人之典型，以為善之大本，其教育法即是學聖人以克服己躬之惡。如以近代詞調形容之，荀子蓋以為人類之所以自草昧而進於開明，自惡而進於善者，乃歷代聖人之合力，古今明王之積功，德義之成，純由人事之層累。故遺訓自堯舜，典型在後聖，後聖行跡具存，其儀範粲然明白而不誣也。（耶穌教亦性惡論者之一種，其稱道「先天孽」，是性惡論之極致。然耶教信天帝，歸善於天帝，故無荀子所遭逢之困難也。）

■ 附：荀子《性惡》

人之性惡，其善者偽也。

今人之性，生而有好利焉，順是，故爭奪生而辭讓亡焉；生而有疾惡焉，順是，故殘賊生而忠信亡焉；生而有耳目之欲，有好聲色焉，順是，故淫亂生而禮義文理亡焉。然則從人之性，順人之情，必出於爭奪，合於犯分亂理而歸於暴。故必將有師法之化，禮義之道，然後出於辭讓，合於文理，而歸於治。用此觀之，然則人之性惡明矣，其善者偽也。

故枸木必將待隱栝、烝、矯然後直，鈍金必將待礱、厲然後利。今人之性惡，必將待師法然後正，得禮義然後治。今人無師法則偏險而不正，無禮義則悖亂而不治。古者聖王以人之性惡，以為偏險而不正，悖亂而不治，是以為之起禮義，製法度，以矯飾人之情性而正之，以擾化人之情性而導之也。始皆出於治、合於道者也。今之人化師法，積文學，道禮義者為君子；縱性情，安恣睢，而違禮義者為小人。用此觀之，人之性惡明矣，其善者，偽也。

孟子曰：「人之學者，其性善。」曰：是不然。是不及知人之性，而不察乎人之性、偽之分者也。凡性者，天之就也，不可學，不可事，禮義者，聖人之所生也，人之所學而能，所事而成者也。不可學、不可事而在人者謂之性，可學而能、可事而成之在人者謂之偽，是性、偽之分也。今人之性，目可以見，耳可以聽。夫可以見之明不離目，可以聽之聰不離耳，目明而耳聰，不可學明矣。孟子曰：「今人之性善，將皆失喪其性故也。」曰：若是，則過矣。今人之性，生而離其樸，離其資，必失而喪之。用此觀之，然則人之性惡明矣。所謂性善者，不離其樸而美之，不離其資而利之也。使夫資樸之於美，心意之於善，若夫可以見之明不離目，可以

聽之聰不離耳，故日目明而耳聰也。今人之性，飢而欲飽，寒而欲暖，勞而欲休，此人之情性也。今人飢，見長而不敢先食者，將有所讓也；勞而不敢求息者，將有所代也。夫子之讓乎父、弟之讓乎兄，子之代乎父、弟之代乎兄，此二行者，皆反於性而悖於情也。然而孝子之道，禮義之文理也。故順情性則不辭讓矣，辭讓則悖於情性矣。用此觀之，然則人之性惡明矣，其善者偽也。

問者日：「人之性惡，則禮義惡生？」應之日：凡禮義者，是生於聖人之偽，非故生於人之性也。故陶人埏埴而為器，然則器生於工人之偽，非故生於人之性也。故工人斲木而成器，然則器生於工人之偽，非故生於人之性也。聖人積思慮、習偽故，以生禮義而起法度，然則禮義法度者，是生於聖人之偽，非故生於人之性也。若夫目好色，耳好聲，口好味，心好利，骨體膚理好愉佚，是皆生於人之情性者也，感而自然，不待事而後生之者也。夫感而不能然，必且待事而後然者，謂之生於偽。是性、偽之所生，其不同之徵也。故聖人化性而起偽，偽起而生禮義，禮義生而製法度。然則禮義法度者，是聖人之所生也。故聖人之所以同於眾，其不異於眾者，性也；所以異而過眾者，偽也。夫好利而欲得者，此人之情性也。假之人有弟兄資財而分者，且順情性，好利而欲得，若是，則兄弟相拂奪矣；且化禮義之文理，若是則讓乎國人矣。故順情性則弟兄爭矣，化禮義則讓乎國人矣。

凡人之慾為善者，為性惡也。夫薄願厚，惡願美，狹願廣，貧願富，賤願貴，苟無之中者，必求於外。故富而不願財，貴而不願勢，苟有之中者，必不及於外。用此觀之，人之慾為善者，為性惡也。今人之性，固無禮義，故強學而求有之也；性不知禮義，故思慮而求知之也。然則生而已，則人無禮義，不知禮義。人無禮義則亂，不知禮義則悖。然則生而

已，則悖亂在己。用此觀之，人之性惡明矣，其善者偽也。

孟子曰：「人之性善。」曰：是不然。凡古今天下之所謂善者，正理平治也；所謂惡者，偏險悖亂也。是善惡之分也矣。今誠以人之性固正理平治邪？則有惡用聖王，惡用禮義矣哉？雖有聖王禮義，將曷加於正理平治也哉？今不然，人之性惡。故古者聖人以人之性惡，以為偏險而不正，悖亂而不治，故為之立君上之勢以臨之，明禮義以化之，起法正以治之，重刑罰以禁之，使天下皆出於治，合於善也。是聖王之治，而禮義之化也。今當試去君上之勢，無禮義之化，去法正之治，無刑罰之禁，倚而觀天下民人之相與也，若是，則夫強者害弱而奪之，眾者暴寡而譁之，天下之悖亂而相亡不待頃矣。用此觀之，然則人之性惡明矣，其善者偽也。

故善言古者必有節於今，善言天者必有徵於人。凡論者，貴其有辨合，有符驗，故坐而言之，起而可設，張而可施行。今孟子曰：「人之性善。」無辨合符驗，坐而言之，起而不可設，張而不可施行，豈不過甚矣哉！故性善則去聖王，息禮義矣；性惡則與聖王，貴禮義矣。故隱栝之生，為枸木也；繩墨之起，為不直也；立君上、明禮義，為性惡也。用此觀之，然則人之性惡明矣，其善者偽也。直木不待隱栝而直者，其性直也；枸木必將待隱栝、烝、矯然後直者，以其性不直也。今人之性惡，必將待聖王之治、禮義之化，然後皆出於治，合於善也。用此觀之，然則人之性惡明矣，其善者偽也。

問者曰：「禮義積偽者，是人之性，故聖人能生之也。」應之曰：是不然。夫陶人埏埴而生瓦，然則瓦埴豈陶人之性也哉？工人斲木而生器，然則器木豈工人之性也哉？夫聖人之於禮義也，闢則陶埏而生之也，然則禮義積偽者，豈人之本性也哉？凡人之性者，堯、舜之與桀、蹠，其性一也；君子之與小人，其性一也。今將以禮義積偽為人之性邪？然則有曷貴

堯、禹，曷貴君子矣哉？凡所貴堯、禹、君子者，能化性，能起偽，偽起而生禮義。然則聖人之於禮義積偽也，亦猶陶埏而為之也。用此觀之，然則禮義積偽者，豈人之性也哉？所賤於桀、蹠、小人者，從其性，順其情，安恣睢，以出乎貪利爭奪。故人之性惡明矣，其善者偽也。

天非私曾、騫、孝己而外眾人也，然而曾、騫、孝己獨厚於孝之實而全於孝之名者，何也？以綦於禮義故也。天非私齊、魯之民而外秦人也，然而於父子之義、夫婦之別，不如齊、魯之孝具敬父者，何也？以秦人之從情性，安恣睢，慢於禮義故也，豈其性異矣哉？

「塗之人可以為禹。」曷謂也？曰：凡禹之所以為禹者，以其為仁義法正也。然則仁義法正有可知可能之理，然而塗之人也，皆有可以知仁義法正之質，皆有可以能仁義法正之具，然則其可以為禹明矣。今以仁義法正為固無可知可能之理邪？然則唯禹不知仁義法正，不能仁義法正也。將使塗之人固無可以知仁義法正之質，而固無可以能仁義法正之具邪？然則塗之人也，且內不可以知父子之義，外不可以知君臣之正。不然。今塗之人者，皆內可以知父子之義，外可以知君臣之正，然則其可以知之質，可以能之具，其在塗之人明矣。今使塗之人者以其可以知之質，可以能之具，本夫仁義法正之可知之理，可能之具，然則其可以為禹明矣。今使塗之人伏術為學，專心一志，思索孰察，加日縣久，積善而不息，則通於神明，參於天地矣。故聖人者，人之所積而致矣。曰：「聖可積而致，然而皆不可積，何也？」曰：可以而不可使也。故小人可以為君子而不肯為君子，君子可以為小人而不肯為小人。小人、君子者，未嘗不可以相為也，然而不相為者，可以而不可使也。故塗之人可以為禹則然，塗之人能為禹，未必然也。雖不能為禹，無害可以為禹。足可以遍行天下，然而未嘗有能遍行天下者也。夫工匠、農、賈，未嘗不可以相為事也，然而未嘗能相為事

也。用此觀之，然則可以為，未必能也；雖不能，無害可以為。然則能不能之與可不可，其不同遠矣，其不可以相為明矣。

堯問於舜曰：「人情何如？」舜對曰：「人情甚不美，又何問焉？妻子具而孝衰於親，嗜慾得而信衰於友，爵祿盈而忠衰於君。人之情乎！人之情乎！甚不美，又何問焉！」唯賢者為不然。

有聖人之知者，有士君子之知者，有小人之知者，有役夫之知者，多言則文而類，終日議其所以，言之千舉萬變，其統類一也：是聖人之知也。少言則徑而省，論而法，若佚之以繩，是士君子之知也。其言也諂，其行也悖，其舉事多悔，是小人之知也。齊給、便敏而無類，雜能、旁魄而無用，析速、粹孰而不急，不恤是非，不論曲直，以期勝人為意，是役夫之知也。

有上勇者，有中勇者，有下勇者：天下有中，敢直其身；先王有道，敢行其意；上不循於亂世之君，下不俗於亂世之民；仁之所在無貧窮，仁之所亡無富貴；天下知之，則欲與天下同苦樂之；天下不知之，則傀然獨立天地之間而不畏：是上勇也。禮恭而意儉，大齊信焉而輕貨財，賢者敢推而尚之，不肖者敢援而廢之，是中勇也。輕身而重貨，恬禍而廣解，苟免不恤是非、然不然之情，以期勝人為意，是下勇也。

繁弱、鉅黍，古之良弓也，然而不得排檠則不能自正。桓公之蔥，大公之闕，文王之錄，莊君之曶，闔閭之幹將、莫邪、鉅闕、辟閭，此皆古之良劍也，然而不加砥礪則不能利，不得人力則不能斷。驊騮、騹、驥、纖離、綠耳，此皆古之良馬也，然而前必有銜轡之制，後有鞭策之威，加之以造父之馭，然後一日而致千里也。夫人雖有性質美而心辯知，必將求賢師而事之，擇良友而友之。得賢師而事之，則所聞者堯、舜、禹、湯之

道也；得良友而友之，則所見者忠信敬讓之行也。身日進於仁義而不自知也者，靡使然也。今與不善人處，則所聞者欺誣詐偽也，所見者汙漫、淫邪、貪利之行也，身且加於刑戮而不自知者，靡使然也。傳曰：「不知其子視其友，不知其君視其左右。」靡而已矣，靡而已矣。

墨家之反儒學

　　在論戰國墨家反儒學之先，要問戰國儒家究竟是怎個樣子。這題目是很難答的，因為現存的早年儒家書，如《荀子》、《禮記》，很難分那些是晚周，那些是初漢，《史記》一部書中的儒家史材料也吃這個虧。只有《孟子》一部書純粹，然孟子又是一個「辯士」，書中儒家史料真少。在這些情形之下，戰國儒家之分合，韓非所謂八派之差異，竟是不能考的問題。但他家攻擊儒者的話中，反要存些史料，雖然敵人之口不可靠，但攻擊人者無的放矢，非特無補，反而自尋無趣；所以《墨子》、《莊子》等書中非儒的話，總有著落，是很耐人尋思的。

　　關於戰國儒者事，有三件事可以說幾句：

　　一、儒者確曾制禮作樂，雖不全是一個宗教的組織，卻也是自成組織，自有法守。三年之喪並非古制，實是儒者之制，而儒者私居演禮習樂，到太史公時還在魯國歷歷見之。這樣的組織，正是開墨子創教的先河，而是和戰國時一切辯士之諸子全不同的。

　　二、儒者在魯國根深蒂固，竟成通國的宗教。儒者一至他國，則因其地而變，在魯卻能保持較純淨的正統，至漢而多傳經容禮之士。所以在魯之儒始終為專名，一切散在列國之號為儒者，其中實無所不有，幾乎使人

疑儒乃一切子家之通名。

三、儒者之禮云樂云，弄到普及之後，只成了個樣子主義 manner-ism，全沒有精神，有時竟像詐偽。荀卿在那裡罵賤儒，罵自己的同類，也不免罵他們只講樣子，不管事作。《莊子・外物篇》中第一段形容得尤其好：

儒以詩禮發冢。（王先謙云「求詩禮發古冢」，此解非是。下文云，大儒臚傳，小儒述詩，猶云以詩禮之態發冢。郭注云：「詩禮者，先王之陳跡也。苟非其人，道不虛行。故夫儒者乃有用之為奸，則跡不足恃也。」此解亦謂以詩禮發冢，非謂求詩禮發冢。）大儒臚傳曰：「東方作矣，事之若何？」小儒曰：「未解裙襦，口中有珠。詩固有之曰：『青青之麥，生於陵陂。生不布施，死何食珠為？』」接其鬢，其頦，儒以金椎控其頤，徐別其頰，無傷口中珠！

這是極端刻畫的形容，但禮云樂云而性無所忍，勢至弄出這些怪樣子來的。

墨子出於禮云樂云之儒者環境中，不安而革命，所以墨家所用之具全與儒同，墨家所標之義全與儒異。儒者稱詩書，墨者亦稱詩書；儒者道春秋，墨者亦道春秋（但非止魯春秋）；儒者談先王，談堯舜，墨者亦談先王談堯舜；儒者以禹為大，墨者以禹為王；儒墨用具之相同遠在戰國諸子中任何兩家之上。然墨者標義則全是向儒者痛下針砭，今作比較表如下：

墨者義	儒者義	附記
尚賢 《墨子》：「古者聖王甚尊尚賢而任使能，不黨父兄。不偏貴富，不嬖顏色。」	親親 如《孟子》所舉舜封弟象諸義，具見儒者將親親之義置於尚賢之前。	儒者以家為國，墨子以天下為國，故儒者治國以宗法之義，墨者則以一視同仁為本。
尚同 一切上同於上，「上同乎天子，而未尚同乎天者，則天災將猶未止也」。	事有差等 儒者以為各階級應各盡其道以事上，而不言同乎上，尤不言尚同乎天。	尚同實含平等義，儒者無之。
兼愛 例如「報怨以德」之說。《墨子》以為人類之間無「此疆爾界」。	愛有等差 例如《孟子》：「有人於此，越人關弓而射之，則己談笑而道之，其兄關弓而射之，則己垂涕泣而道之。」《孟子》之性善論如此。	
非攻 非一切之攻戰。	別義戰與不義戰。	
節用	居儉侈之間。	
節葬	厚葬	《韓非子》：儒者傾家而葬，人主以為孝，墨者薄葬，人主以為儉。此為儒墨行事最異、爭論最多之點。

墨者義	儒者義	附記
天志 墨子明言天志。以為「天欲義而惡其不義」。	天命 儒者非謂天無志之自然論者。但不主明切言之。《論語》：「天何言哉？四時行焉，百物生焉。」又每以命為天，孟子：「吾之不遇魯侯，天也。」	此兩事實一體，儒者界於自然論及宗教家之中。而以甚矛盾之行事成其不可知之誼。
明鬼 確信鬼之有者。	敬鬼神而遠之 《論語》：「祭如在，祭神如神在。」又「未能事人，焉能事鬼」。	
非樂	放鄭聲而隆雅樂。	
非命	有命 《論語》：「道之將行也與？命也！道之將廢也與？命也！公伯寮其如命何？」孟子：「吾之不遇魯侯，天也！臧氏之子焉能使予不遇哉？」儒者平日並不言命，及失敗時，遂強顏談命以諱其失敗。	

　　就上表看，墨者持義無不與儒歧別。其實選輯說去，儒墨之別常是一個度的問題：例如儒者亦主張任賢使能者，但更有親親之義在上頭；儒者亦非主張不愛人，如魏牟楊朱者，但謂愛有差等；儒者亦非主戰陣，如縱橫家者，但還主張義戰；儒者亦非無神無鬼論者，但也不主張有鬼。

樂葬兩事是儒墨行事爭論的最大焦點，但儒者亦放鄭聲，亦言「禮與其奢也寧儉，喪與其易也寧戚」。然而持中者與極端論者總是不能合的，兩個絕相反的極端論者，精神上還有多少的同情；極端論與持中者既不同道，又不同情，故相爭每每最烈。儒者以為凡事皆有差等，皆有分際，故無可無不可。

在高賢尚不免於妥協之過，在下流則全成偽君子而已。這樣的不絕對主張，正是儒者不能成宗教的主因；雖有些自造的禮法制度，但信仰無主，不吸收下層的眾民，故只能隨人君為抑揚，不有希世取榮之公孫弘，儒者安得那樣快當的成正統啊！

■ 附：《莊子・外物篇》

外物不可必，故龍逢誅，比干戮，箕子狂，惡來死，桀紂亡。人主莫不欲其臣之忠，而忠未必信，故伍員流於江，萇弘死於蜀，藏其血三年而化為碧。人親莫不欲其子之孝，而孝未必愛，故孝己憂而曾參悲。木與木相摩而然，金與火相守則流。陰陽錯行，則天地大，於是乎有雷有霆，水中有火，乃焚大槐。有甚憂兩陷而無所逃，蟺不得成，心若縣於天地之間，慰昏沈屯，利害相摩，生火甚多；眾人焚火，月固不勝火，於是乎有然而道盡。

莊周家貧，故往貸粟於監河侯。監河侯曰：「諾。我將得邑金，將貸子三百金，可乎？」莊周忿然作色曰：「周昨來，有中道而呼者。周顧視車轍中，有鮒魚焉。周問之曰：『鮒魚來！子何為者邪？』對曰：『我，東海之波臣也。君豈有斗升之水而活我哉？』周曰：『諾。我且南遊吳越之王，激西江之水而迎子，可乎？』鮒魚忿然作色曰：『吾失我常與，我無所處。吾得斗升之水然活耳，君乃言此，曾不如早索我枯魚之肆！』」

　　任公子為大鉤巨緇，五十犗以為餌，蹲乎會稽，投竿東海，旦旦而釣，期年不得魚。已而大魚食之，牽巨鉤，錎沒而下，騖揚而奮鬐，白波如山，海水震盪，聲侔鬼神，憚赫千里。任公得若魚，離而臘之，自制河以東，蒼梧已北，莫不厭若魚者。已而後世輇才諷說之徒，皆驚而相告也。夫揭竿累，趣灌瀆，守鯢鮒，其於得大魚難矣。飾小說以干縣令，其於大達亦遠矣，是以未嘗聞任氏之風俗，其不可與經於世亦遠矣。

　　儒以詩禮發冢，大儒臚傳曰：「東方作矣，事之何若？」小儒曰：「未解裙襦，口中有珠。詩固有之曰：『青青之麥，生於陵陂。生不布施，死何含珠為！』」「接其鬢，壓其顪，儒以金椎控其頤，徐別其頰，無傷口中珠！」

　　老萊子之弟子出薪，遇仲尼，反以告，曰：「有人於彼，修上而趨下，末僂而後耳，視若營四海，不知其誰氏之子。」老萊子曰：「是丘也。召而來。」仲尼至。曰：「丘！去汝躬矜與汝容知，斯為君子矣。」仲尼揖而退，蹙然改容而問曰：「業可得進乎？」老萊子曰：「夫不忍一世之傷而驚萬世之患，抑固窶邪，亡其略弗及邪？惠以歡為驁，終身之醜，中民之行進焉耳，相引以名，相結以隱。與其譽堯而非桀，不如兩忘而閉其所譽。反無非傷也，動無非邪也。聖人躊躇以興事，以每成功，奈何哉其載焉終矜爾！」

　　宋元君夜半而夢人被髮窺阿門，曰：「予自宰路之淵，予為清江使河伯之所，漁者餘且得予。」元君覺，使人佔之，曰：「此神龜也。」君曰：「漁者有餘且乎？」左右曰：「有。」君曰：「令餘且會朝。」明日，餘且朝。君曰：「漁何得？」對曰：「且之網得白龜焉，其圓五尺，」君曰：「獻若之龜。」龜至，君再欲殺之，再欲活之，心疑，卜之，曰：「殺龜以卜吉。」乃刳龜，七十二鑽而無遺。仲尼曰：「神龜能見夢於元君，而不能避餘且

之網；知能七十二鑽而無遺？不能避刳腸之患。如是，則知有所困，神有所不及也。雖有至知，萬人謀之。魚不畏網而畏鵜鶘。去小知而大知明，去善而自善矣。嬰兒生無石師而能言，與能言者處也。」

惠子謂莊子曰：「子言無用。」莊子曰：「知無用而始可與言用矣。天地非不廣且大也，人之所用容足耳。然則廁足而墊之，致黃泉，人尚有用乎？」惠子曰：「無用。」莊子曰：「然則無用之為用也亦明矣。」

莊子曰：「人有能遊，且得不遊乎？人而不能遊，且得遊乎？夫流遁之志，決絕之行，噫，其非至知厚德之任與！覆墜而不反，火馳而不顧，雖相與為君臣，時也，易世而無以相踐。故曰至人不留行焉。夫尊古而悲今，學者之流也。且以狶韋氏之流觀今之世，夫孰能不波？唯至人乃能遊於世而不僻，順人而不失己。彼教不學，承意不彼。」目徹為明，耳徹為聰，鼻徹為顫，口徹為甘，心徹為知，知徹為德。凡道不欲壅，壅則哽，哽而不止則跈，跈者眾害生。物之有知者恃息，其不殷，非天之罪。天之穿之，日夜無降，人則顧塞其竇。胞有重閬，心有天遊。室無空虛，則婦姑勃溪；心無天遊，則六鑿相攘。大林丘山之善於人也，亦神者不勝。

德溢乎名，名溢乎暴，謀稽乎誸，知出乎爭，柴生乎守，官事果乎眾宜。春雨日時，草木怒生，銚鎒於是乎始修，草木之到植者過半，而不知其然。

靜然可以補病，眥搣可以休老，寧可以止遽。雖然，若是，勞者之務也，非佚者之所未嘗過而問焉。聖人之所以天下，神人未嘗過而問焉；賢人所以世，聖人未嘗過而問焉；君子所以國，賢人未嘗過而問焉；小人所以合時，君子未嘗過而問焉。

演門有親死者，以善毀爵為官師，其黨人毀而死者半。堯與許由天下，許由逃之；湯與務光，務光怒之。紀他聞之，帥弟子而踆於窾水；諸

侯吊之，三年，申徒狄因以踣河。荃者所以在魚，得魚而忘荃；蹄者所以在兔，得兔而忘蹄；言者所以在意，得意而忘言。吾安得夫忘言之人而與之言哉！

墨子之非命論

　　《墨子》一書不可盡據，今本自《親士》至《三辯》七篇宋人題作經者，雖《所染》與呂子合，《三辯》為《非樂》餘義，《法儀》為《天志》餘義，《七患》、《辭過》為《節用》餘義（皆孫仲容說），大體實甚駁難。《修身》一篇全是儒家語，《親士》下半為老子作註解，蓋漢人之書也。《經》上下《經說》上下，自為一種學問，不關上說下教之義。《大取》至《公輸》七篇，可稱墨家雜篇，其多精義一如《莊子·雜篇》之於《莊子》全書。若其教義大綱之所在，皆含於尚賢至非儒二十四篇中，據此可識墨義之宗宰矣。

　　讀《墨子》書者，總覺其宗教彩色甚濃，此自是極確定之事實，然其辯證之口氣有時轉比儒家更近於功利主義。《墨子》辯證之方式有所謂三表者，其詞曰：

　　子墨子言曰，「有本之者，有原之者，有用之者。於何本之？上本之於古者聖王之事。於何原之？下原察百姓耳目之實。於何用之？發以為刑政，觀其中國家百姓人民之利。此所謂三表也。」（非命上）

　　「本之」即荀子所謂「持之有故」，「原之」即荀子所謂「言之成理」，前者舉傳訓以為證，後者舉事理以為說。至於「用之」，則純是功利論之口氣，謂如此如此乃是國家百姓萬人之大利也。孔子以為自古皆有死，孟

子以為捨生而取義，皆有宗教家行其所是之風度，墨子乃沾沾言利，言之不已，雖其所謂利非私利，而為萬民之公利，然固不似孟子之譬頭痛絕此一名詞也。其尤甚者，墨子以為鬼縱無有，亦必須假定其有，然後萬民得利焉。

雖使鬼神請（誠）無，此猶可以合歡聚眾，取親於鄉里。

此則儼然服而德氏之說，雖使上帝誠無，亦須假設一個上帝。此雖設辯之詞，然嚴肅之宗教家不許如此也。甚矣中國人思想中功利主義之深固，雖墨家亦如此也。然此中亦有故，當時墨家務反孔子，而儒家自始標榜「君子喻於義，小人喻於利」，「喻猶曉也」。故墨子乃立小人之喻以為第三表，且於三表中辭說最多焉，墨子固以儒家此等言辭為偽善者也。孟子又務反墨說，乃並此一名詞亦排斥之。此節雖小，足徵晚周諸子務求相勝，甲日日自東出，乙必日日自西出，而為東西者作一新界說，或為方位作一新解，以成其論。識此則晚周諸子說如何相反相生，有時可得其隱微，而墨子之非命論與儒如何關係，亦可知焉。

又有一事，墨子極與孔子相反者，孔子「博學而無所成名」，「無可無不可」，墨子則為晚周子籍中最有明白系統者。蓋孔子依違調和於春秋之時代性中，墨子非儒，乃為斷然的主張，積極的系統製作，其亦孔子後學激之使然耶？

墨子教義以宗教為主宰，其論人事雖以禍福利害為言，仍悉溯之於天，此與半取宗教之孔子固不同，與全舍宗教之荀子尤極端相反也。今試將墨子教義圖以明之：

《墨子·魯問篇》云：

國家昏亂，則語之尚賢，尚同。國家貧，則語之節用，節葬。國家喜

音耽湎，則語之非樂，非命。國家淫僻無禮，則語之尊天，事鬼。國家務奪侵凌，則語之兼愛，非攻。（魯問）

此雖若對症下藥，各自成方，而尋繹其義理，實一完固之系統，如上圖所形容也。墨孟荀三氏之思想皆成系統，在此點上，三家與孔子不同，而墨子之系統為最嚴整矣。墨義之發達全在務反儒學之道路上。當時儒家對鬼之觀念，立於信不信之半途，而作不信如信之姿勢，且儒家本是相對的信命定論者，墨家對此乃根本修正之。今引其說：

儒以人為不明，以鬼為不神，天鬼不說（問禘，答曰不知，性與天道不可得聞，皆孔子不說或罕說天鬼之證也。說讀如字）。此足以喪天下。……又以命為有，貧富，壽夭，治亂，安危，有極矣，不可損益也。為上者行之，必不聽治矣，為下者行之，必不從事矣，此足以喪天下。（公孟）

公孟子曰，「無鬼神」。又曰，「君子必學祭祀」（畢沅曰，祀當為禮）。子墨子曰，「執無鬼而學祭禮，是猶無客而學客禮也，是猶無魚而為魚罟也。」（公孟）立命而怠事，不可使守職。（非儒）

此皆難儒斥儒之詞，既足以見墨義之宗旨，更足以證墨學之立場。儒家已漸將人倫與宗教離開，其天人說已漸入自然論，墨者乃一反其說，復以宗教為大本，而以其人事說為其宗教論之引申。墨家在甚多事上最富於革命性，與儒家不同，獨其最本原之教義轉似走上覆古之道路，比之儒家，表面上為後於時代也。

然墨子之宗教的上天，雖拋棄儒家漸就自然論漸成全神論之趨勢，而返於有意志有喜怒之人格化的上天，究非無所修正之復古與徒信帝力之大者，所可比也。墨子之天實是善惡論之天神化，其上天乃一超於人力之聖

人，非世俗之怪力亂神也。如許我以以色列教統相比擬，《舊約》中尚少此等完全道德化之帝天，四福音中始見此義耳。是則墨子雖以宗教意識之重，較儒家為復古，亦以其上天之充分人格化道德化，轉比儒家之天道說富於創造性。蓋墨子澈底檢討人倫與宗教之一切義，為之樹立上下貫徹之新解，雖彼之環境使以宗教為大本，而彼之時代亦使彼為一革新的宗教家，將道德理智納之於宗教範疇之下，其宗教之本身遂與傳統者有別。

墨子立論至明切，非含胡接受古昔者也。《天志》三篇為彼教義之中心，其所反覆陳言者：一則以為天有志，天志為義，義白天出。二則以為天兼有天下之人，故兼愛天下之人。三則以為從天之意者必得賞，背天之意者必得罰，人為天之所欲，則天為人之所欲，人為天之所惡，則天為人之所惡。四則以為天為貴，天為智，自庶人至於天子，皆不得次己而為政，有天政之。據此，可知墨子之天，乃人格化道德化之極致，是聖人之有廣大權能在蒼蒼上者，故與怪力亂神不可同日語也。

茲將墨義系統如前圖所示者再解說之，以明其條貫。墨子以為天非不言而執行四時者，乃有明明赫赫之意志者，人非義不生，而義「自天出」。天意者，「上尊天，中事鬼神，下愛人」，行如此則天降之福，行不如此則天降之禍。墨子又就此義之背面以立論，設為非命之辨，以為三代之興亡，個人之禍福，皆由自身之行事，天無固定之愛憎，即無前定之命焉，果存命定之說，萬人皆怠其所務，「是覆天下之義」，而「滅天下之人矣」。今知《天志》、《非命》為墨義系統中之主宰者，可取下引為證：

子墨子言日，「我有天志，譬如輪人之有規，匠人之有矩，輪匠執其規矩，以度天下之方圓，日，中（讀去聲，下同）者是也，不中者非也。」（天志上）

　　故子墨子之有天之意也，上將以度天下之王公大人為刑政也，下將以量天下之萬民為文學出言談也。……故置此以為法，立此以為儀，將以量度天下之王公大人卿大夫之仁與不仁，譬之猶務黑白也。（天志中）

　　今又知墨子論人事諸義為《天志》、《非命》之引申者，可取下引為證：

　　子墨子曰，「天之意不欲大國之攻小國也，大家之亂小家也，強之暴寡，詐之謀愚，貴之傲賤，此天之所不欲也。不止此而已，欲人之有力相營，有道相教，有財相分也。又欲上之強聽治也，下之強從事也。」（天志中）

　　順天之意者兼也，反天之意者別也。兼之為道也義正，別之為道也力正。曰，義正者何若？曰，大不攻小也，強不侮弱也，眾不賊寡也，詐不欺愚也，貴不傲賤也，富不驕貧也，壯不奪老也。是以天下之庶國莫以水火毒藥兵刃以相害也。……曰，力正者何若？曰，大則攻小也，強則侮弱也，眾則賊寡也，詐則欺愚也，貴則傲賤也，富則驕貧也，壯則奪老也。是以天下之庶國方以水火毒藥兵刃以相賊害也。（天志下）

　　據此，則兼愛非攻皆天之意向，墨子奉天以申其說。尚同則一天下人之行事以從天志，雖尚賢亦稱為天之意焉。其言曰：

　　故古聖王以審以尚賢便能為政，而取法於天。雖天亦不辯貧富、貴賤、遠邇、親疏、賢者舉而尚之，不肖者抑而廢之。（尚賢中）

　　故天志非命為墨義系統之主宰，無可疑也。

　　墨子之天道觀對儒家為反動者，已如上文所論，其對《周誥》中之天道論，則大體相同，雖口氣有輕重，旨命則無殊也。此語驟看似不可通，蓋周誥中歷言天不可信，而墨子以天之昭昭為言，《周誥》以為修短由人，墨子以為志之在天。然疏解古籍者，應識其大義，不可墨守其名詞。墨子

所非之命，指命定之論而言，以禍福有前定而不可損益者也，此說亦周誥中所力排者也。

墨子所主張之天志，乃作善天降祥，作不善天降殃之說，謂天明明昭昭，賞罰可必，皆因人之行事而定，而非於人之行事以外別有所愛憎，此說正周誥所力持者也。非命篇全是周誥中殷紂喪命湯武受命說之註腳，而《天志篇》雖口氣有輕重，注意點有不同，其謂天賞勞動善行，罰荒佚暴政，則無異矣。周誥為政治論，墨義為宗教論，其作用原非一事，故詞氣不同，若其謂天命之禍福皆決之於人事，乃無異矣。（參看本篇第二章）

墨子之天道論固為周初以來（或不止於周初）正統天道論一脈中在東周時造成之極峰，其辭彩煥發，引喻明切，又為東周諸子所不及。（希臘羅馬之散文體以演說為正宗，中國之古演說體僅存於墨子。其陳義明切，辨證嚴明，大而不遺細，守而能攻擊，固非循循訥訥之孔子，強辭奪理之孟子所能比，即整嚴之荀子，深刻之韓子，亦非其匹，蓋立義既高，而文詞又勝也。）然亦有其缺陷，易為人攻陷者，即彼之福善禍淫論在證據上有時不能自完其說，其說乃「無徵不信，不信民弗從」也。請證吾說。

有遊於子墨子之門者，謂子墨子曰，「先生以鬼神為明知（智），能為禍福（據王孫二氏校），為善者富之，為暴者禍之。今吾事先生久矣，而福不至，意者先生之言有不善乎？鬼神不明乎？我何故不得福也？」子墨子曰，「雖子不得福，吾言何遽不善，而鬼神何遽不明？子亦聞乎匿徒有刑乎？」（從俞校）對曰，「未之得聞也。」子墨子曰，「今有人於此，什子，子能什譽之而一自譽乎？」對曰，「不能」。「有人於此，百子，子能終身譽其善而子無一乎？」對曰，「不能。」子墨子曰，「匿一人者猶有罪，今子所匿者若此其多，將有厚罪者也，何福之求？」子墨子有疾，跌鼻進而問曰，「先生以鬼神為明，能為禍福，為善者賞之為不善者罰之。今先生

聖人也，何故有疾？意者先生之言有不善乎？鬼神不明知（智）乎？」子墨子曰，「雖使我有病，（鬼神）何遽不明？人之所得於病者多方，有得之寒暑，有得之勞苦。百門而閉一門焉，則盜何遽無從入？」（公孟）

此真墨說之大缺陷矣。弟子不得福，則曰汝尚未善也，若墨子有其早死之顏回，則又何說？且勉人以善更求善，一般人之行善固有限度者，累善而終得禍，其說必為人疑矣。《舊約》記約百力行善，天降之禍，更善，更降之禍。雖以約百之善人，終不免於怨天焉。墨子自身有疾，則曰，病由寒暑勞苦也，此非得自天焉，且以一對百比天意與他故之分際，此真自降其說矣。不以天為全智全能，則天志之說決不易於動聽也。

夫耶穌教之頗似墨義，自清末以來多人言之，耶穌教有天堂地獄之說，謂禍福不可但論於此世，將以齊之於死後也。故善人得福在於天堂，惡人得禍在於地獄，惡人縱得間於生前，必正地火之刑于死後，至於世界末日，萬類皆得平直焉。此固無可證其必有，亦無可證其必無之說，然立說如此乃成一完全之圓周，無所缺漏。

如墨子之說，雖宗教意識極端發達，而不設身後榮辱說以調劑世間之不平，得意者固可風從，失意者固不肯信矣。墨家書傳至現在者甚少，當年有無類於天堂地獄之說，今固不可確知，然按之墨子書，其反覆陳說甚詳，未嘗及此也。其言明鬼，亦注重在鬼之干預世間事，未言鬼之生活也。

墨子出身蓋亦宋之公族（頡剛語我云，墨氏即墨夷氏，公子目夷之後。其說蓋可信），後世遷居於魯，與孔子全同，亦孔融所謂「聖人之後不得其位而亡於宋」者也。其說雖反儒家之尚學，其人貫博極群書者，言必稱三代，行乃載典籍，亦士大夫階級之人也。其立教平等，舍親親尊尊

之義，而惟才是尚，其教也無類，未有儒家「禮不下庶人」之惡習，故其教徒中所吸收者，甚多工匠，及下層社會中人，而不限於士流，於是顯然若與儒學有階級之差異者。其人之立身自高於孔子甚遠，然而其自身究是學問之士，兼為教訓政治之人，非一純粹之宗教家也。此其為人所奉信反不如張角者歟？

■ 附：墨子《非命‧上》

子墨子言曰：古者王公大人為政國家者，皆欲國家之富，人民之眾，刑政之治。然而不得富而得貧，不得眾而得寡，不得治而得亂，則是本失其所欲，得其所惡，是故何也？

子墨子言曰：執有命者以雜於民間者眾。執有命者之言曰：「命富則富，命貧則貧；命眾則眾，命寡則寡；命治則治，命亂則亂；命壽則壽，命夭則夭；命……雖強勁，何益哉？」以上說王公大人，下以駔百姓之從事，故執有命者不仁。故當執有命者之言，不可不明辨。

然則明辨此之說，將奈何哉？子墨子言曰：必立儀。言而毋儀，譬猶運鈞之上，而立朝夕者也，是非利害之辨，不可得而明知也。故言必有三表。何謂三表？子墨子言曰：有本之者，有原之者，有用之者。於何本之？上本之於古者聖王之事；於何原之？下原察百姓耳目之實；於何用之？廢以為刑政，觀其中國家百姓人民之利。此所謂言有三表也。

然而今天下之士君子，或以命為有，蓋嘗尚觀於聖王之事？古者桀之所亂，湯受而治之；紂之所亂，武王受而治之。此世未易，民未渝，在於桀、紂，則天下亂；在於湯、武，則天下治。豈可謂有命哉！

然而今天下之士君子，或以命為有，蓋嘗尚觀於先王之書？先王之

書，所以出國家、布施百姓者，憲也；先王之憲亦嘗有日：「福不可請，而禍不可諱，敬無益、暴無傷者乎？」所以聽獄制罪者，刑也；先王之刑亦嘗有日：「福不可請，禍不可諱，敬無益、暴無傷者乎？」所以整設師旅、進退師徒者，誓也；先王之誓亦嘗有日：「福不可請，禍不可諱，敬無益、暴無傷者乎？」

　　是故子墨子言日：吾當未鹽，數天下之良書，不可盡計數，大方論數，而五者是也。今雖毋求執有命者之言，不必得，不亦可錯乎？

　　今用執有命者之言，是覆天下之義。覆天下之義者，是立命者也，百姓之誶也。說百姓之誶者，是滅天下之人也。然則所為欲義在上者，何也？日：義人在上，天下必治，上帝、山川、鬼神，必有幹主，萬民被其大利。何以知之？子墨子日：古者湯封於亳，絕長繼短，方地百里，與其百姓兼相愛，交相利，移則分，率其百姓以上尊天事鬼，是以天鬼富之，諸侯與之，百姓親之，賢士歸之，未歿其世而王天下，政諸侯。

　　昔者文王封於岐周，絕長繼短，方地百里，與其百姓兼相愛，交相利則。是以近者安其政，遠者歸其德。聞文王者，皆起而趨之；罷不肖、股肱不利者，處而願之，日：「奈何乎使文王之地及我，吾則吾利，豈不亦猶文王之民也哉！」是以天鬼富之，諸侯與之，百姓親之，賢士歸之。未歿其世而王天下，政諸侯。鄉者言日：義人在上，天下必治，上帝、山川、鬼神，必有幹主，萬民被其大利。吾用此知之。

　　是故古之聖王，發憲出令，設以為賞罰以勸賢。是以入則孝慈於親戚，出則弟長於鄉裡，坐處有度，出入有節，男女有辨。是故使治官府，則不盜竊；守城，則不崩叛；君有難則死，出亡則送。此上之所賞，而百姓之所譽也。執有命者之言日：上之所賞，命固且賞，非賢故賞也；上之所罰，命固且罰，不暴故罰也。是故入則不慈孝於親戚，出則不弟長於鄉

裡，坐處不度，出入無節，男女無辨。是故治官府，則盜竊；守城，則崩叛；君有難則不死，出亡則不送。此上之所罰，百姓之所非毀也。執有命者言曰：上之所罰，命固且罰，不暴故罰也；上之所賞，命固且賞，非賢故賞也。以此為君則不義，為臣則不忠，為父則不慈，為子則不孝，為兄則不良，為弟則不弟。而強執此者，此特兇言之所自生，而暴人之道也！

然則何以知命之為暴人之道？昔上世之窮民。貪於飲食，惰於從事，是以衣食之財不足，而飢寒凍餒之憂至；不知曰我罷不肖，從事不疾，必曰我命固且貧。昔上世暴王，不忍其耳目之淫，心塗之闢，不順其親戚，遂以亡失國家，傾覆社稷；不知曰我罷不肖，為政不善，必曰吾命固失之。於《仲虺之告》曰：「我聞於夏人矯天命，布命於下。帝伐之惡，龔喪厥師。」此言湯之所以非桀之執有命也。於《太誓》曰：「紂夷處，不肯事上帝鬼神，禍厥先神禔不祀，乃曰：『吾民有命。』無廖排漏，天亦縱棄之而弗葆。」此言武王所以非紂執有命也。

今用執有命者之言，則上不聽治，下不從事。上不聽治，則刑政亂；下不從事，則財用不足；上無以供粢盛酒醴祭祀上帝鬼神，下無以降綏天下賢可之士，外無以應待諸侯之賓客，內無以食飢衣寒，將養老弱。故命上不利於天，中不利於鬼，下不利於人。而強執此者，此特兇言之所自生，而暴人之道也！

是故子墨子言曰：今天下之士君子，忠實欲天下之富而惡其貧，欲天下之治而惡其亂，執有命者之言，不可不非。此天下之大害也。

墨子《天志・上》

子墨子言曰：「今天下之士君子，知小而不知大。」何以知之？以其處家者知之。若處家得罪於家長，猶有鄰家所避逃之；然且親戚、兄弟、

所知識，共相儆戒，皆曰：「不可不戒矣！不可不慎矣！惡有處家而得罪於家長而可為也？」非獨處家者為然，雖處國亦然。處國得罪於國君，猶有鄰國所避逃之；然且親戚、兄弟、所知識，共相儆戒，皆曰：「不可不戒矣！不可不慎矣！誰亦有處國得罪於國君而可為也？」此有所避逃之者也，相儆戒猶若此其厚，況無所逃避之者，相儆戒豈不愈厚，然後可哉？且語言有之曰：「焉而晏日焉而得罪，將惡避逃之？」曰：「無所避逃之。」夫天，不可為林谷幽門無人，明必見之；然而天下之士君子之於天也，忽然不知以相儆戒。此我所以知天下士君子知小而不知大也。

　　然則天亦何欲何惡？天欲義而惡不義。然則率天下之百姓，以從事於義，則我乃為天之所欲也。我為天之所欲，天亦為我所欲。然則我何欲何惡？我欲福祿而惡禍祟。若我不為天之所欲，而為天之所不欲，然則我率天下之百姓，以從事於禍祟中也。然則何以知天之慾義而惡不義？曰：天下有義則生，無義則死；有義則富，無義則貧；有義則治，無義則亂。然則天欲其生而惡其死，欲其富而惡其貧，欲其治而惡其亂。此我所以知天欲義而惡不義也。

　　曰：且夫義者，政也。無從下之政上，必從上之政下。是故庶人竭力從事，未得次己而為政，有士政之；士竭力從事，未得次己而為政，有將軍、大夫政之；將軍、大夫竭力從事，未得次己而為政，有三公、諸侯政之；三公、諸侯竭力聽治，未得次己而為政，有天子政之；天子未得次己而為政，有天政之。天子為政於三公、諸侯、士、庶人，天下之士君子固明知；天之為政於天子，天下百姓未得之明知也。故昔三代聖王禹、湯、文、武，欲以天之為政於天子，明說天下之百姓，故莫不牛羊，豢犬彘，潔為粢盛酒醴，以祭祀上帝鬼神，而求祈福於天。我未嘗聞天下之所求祈福於天子者也，我所以知天之為政於天子者也。

故天子者，天下之窮貴也，天下之窮富也。故於富且貴者，當天意而不可不順。順天意者，兼相愛，交相利，必得賞；反天意者，別相惡，交相賊，必得罰。然則是誰順天意而得賞者？誰反天意而得罰者？子墨子言曰：「昔三代聖王禹、湯、文、武，此順天意而得賞也；昔三代之暴王桀、紂、幽、厲，此反天意而得罰者也。」然則禹、湯、文、武，其得賞何以也？子墨子言曰：「其事上尊天，中事鬼神，下愛人，故天意曰：『此之我所愛，兼而愛之；我所利，兼而利之。愛人者此為博焉，利人者此為厚焉。』故使貴為天子，富有天下，業萬世子孫，傳稱其善，方施天下，至今稱之，謂之聖王。」然則桀、紂、幽、厲，得其罰何以也。子墨子言曰：「其事上詬天，中詬鬼，下賊人，故天意曰：『此之我所愛，別而惡之；我所利，交而賊之。惡人者，此為之博也；賤人者，此為之厚也。』故使不得終其壽，不歿其世，至今毀之，謂之暴王。」

然則何以知天之愛天下之百姓？以其兼而明之。何以知其兼而明之？以其兼而有之。何以知其兼而有之？以其兼而食焉。何以知其兼而食焉？四海之內，粒食之民，莫不牛羊，豢犬彘，潔為粢盛酒醴，以祭祀於上帝鬼神。天有邑人，何用弗愛也？且吾言殺一不辜者，必有一不祥。殺無辜者誰也？則人也。予之不祥者誰也？則天也。若以天為不愛天下之百姓，則何故以人與人相殺，而天予之不祥？此我所以知天之愛天下之百姓也。

順天意者，義政也；反天意者，力政也。然義政將奈何哉？子墨子言曰：處大國不攻小國，處大家不篡小家，強者不劫弱，貴者不傲賤，多詐者不欺愚。此必上利於天，中利於鬼，下利於人。三利無所不利，故舉天下美名加之，謂之聖王。力政者則與此異，言非此，行反此，猶倖馳也。處大國攻小國，處大家篡小家，強者劫弱，貴者傲賤，多詐欺愚。此上不利於天，中不利於鬼，下不利於人。三不利無所利，故舉天下惡名加之，謂之暴王。

　　子墨子言曰：「我有天志，譬若輪人之有規，匠人之有矩。輪、匠執其規、矩，以度天下之方員，曰：『中者是也，不中者非也。』今天下之士君子之書，不可勝載，言語不可盡計，上說諸侯，下說列士，其於仁義，則大相遠也。何以知之？曰：我得天下之明法以度之。」

老子五千言之作者及宗旨

　　汪容甫《老子考異》文所論精徹，茲全錄之如下：

　　《史記‧孔子世家》云：「南宮敬叔與孔子俱適周問禮，蓋見老子云。」《老莊申韓列傳》云：「孔子適周，問禮於老子。」按老子言行今見於曾子問者凡四。是孔子之所從學者可信也。夫助葬而遇日食，然且以見星為嫌，止柩以聽變，其謹於禮也如是；至其書則曰：「禮者忠信之薄，而亂之首也。」下殤之葬，稱引周召史佚，其尊信前哲也如是；而其書則曰：「聖人不死，大盜不止。」彼此乖違甚矣！故鄭注謂古壽考者之稱，黃東發《日鈔》亦疑之，而皆無以輔其說。其疑一也。

　　本傳云：「老子楚苦縣厲鄉曲仁里人也。」又云：「周守藏室之史也。」按周室既東，辛有入晉（《左傳》昭二十年），司馬適秦（太史公自序），史角在魯（《呂氏春秋‧當染篇》），王官之符，或流播於四方，列國之產，惟晉悼嘗仕於周，其他固無聞焉。況楚之於周，聲教中阻，又非魯鄭之比。且古之典籍舊聞，惟在瞽史，其人並世官宿業，羈旅無所置其身。其疑二也。

　　本傳又云：「老子，隱君子也。」身為王官，不可謂隱。其疑三也。

　　今按《列子》黃帝、說符二篇，凡三載列子與關尹子答問之語（《莊

子‧達生篇》與《列子‧黃帝篇》文同,《呂氏春秋‧審已篇》與《列子‧說符篇》同)。而列子與鄭子陽同時,見於本書。六國表:「鄭殺其相駟子陽」,在韓列侯二年,上距孔子之歿凡八十二年。關尹子之年世既可考而知,則為關尹著書之老子,其年亦從可知矣。

《文子‧精誠篇》引老子曰:「秦楚燕魏之歌,異傳而皆樂。」按,燕終春秋之世,不通盟會。《精誠篇》稱燕自文侯之後始與冠帶之國(燕世家有兩文公,武公子文公,《索隱》引《世本》作閔公,其事蹟不見於《左氏春秋》,不得謂始與冠帶之國。桓公子亦稱文公,司馬遷稱其予車馬金帛以至趙,約六國為縱,與文子所稱時勢正合)。文公元年上距孔子之歿凡百二十六年,老子以燕與秦楚魏並稱,則老子已及見文公之始強矣。又魏之建國,上距孔子之歿凡七十五年,而老子以與三國齒,則老子已及見其侯矣。

《列子‧黃帝篇》栽老子教楊朱事(《莊子‧寓言篇》文同,惟以朱作子居,今江東讀朱如居,張湛注《列子》云:朱字子居,非也),楊朱篇禽子曰:「以子之言問老聃關尹則子言當矣,以吾言問大禹墨翟,則吾言當矣。」然則朱固老子之弟子也。又云:「端木叔者,子貢之世也。」又云:「其死也,無瘞埋之資。」又云:「禽滑釐曰,端木叔狂人也,辱其祖矣。段干生曰:端木叔達人也,德過其祖矣。」朱為老子之弟子,而及見子貢之孫之死,則朱所師之老子不得與孔子同時也。《說苑‧政理篇》:「楊朱見梁主,言治天下如運諸掌。」梁之稱王自惠王始,惠王元年上距孔子之歿凡百十八年;楊朱已及見其王,則朱所師事之老子其年世可知矣。本傳云:「見周之衰,乃遂去,至關。」《抱朴子》以為散關,又以為函谷關。

按:散關遠在岐州,秦函谷關在靈寶縣,正當周適秦之道,關尹又與鄭之列子相接,則以函谷為是。函谷之置,書無明文。當孔子之世,二崤

猶在晉地，桃林之塞，詹瑕實守之。惟賈誼新書《過秦篇》云：「秦孝公據崤函之固。」則是舊有其地矣。秦自躁懷以後，數世中衰，至獻公而始大，故《本紀》獻公二十一年：「與晉戰於石門，斬首六萬。」二十三年：「與魏晉戰少梁，虜其將公孫痤。」然則是關之置，在獻公之世矣。由是言之，孔子所問禮者聃也，其人為周守藏室之史，言與行則曾子問所在者是也。

　　周太史儋見秦獻公，《本紀》在獻公十一年，去魏文侯之歿十三年，而老子之子宗為魏將封於段干（魏世家，安釐王四年魏將段乾子請予秦南陽以和。國策，華軍之戰，魏不勝秦，明年將使段干崇割地而講。六國表，秦昭王二十四年，白超擊魏華陽軍。按：是時上距孔子之卒，凡二百一十年），則為儋之子無疑。而言道德之意五千餘言者，儋也。其入秦見獻公，即去周至關之事。本傳云：「或曰，儋即老子。」其言韙矣。

　　至孔子稱老萊子，今見於太傅禮《衛將軍文子篇》，《史記‧仲尼弟子列傳》亦裁其說，而所云貧而樂者，與隱君子之文正合。老萊之為楚人，又見《漢書‧藝文志》，蓋即苦縣厲鄉曲仁裡也。而老聃之為楚人，則又因老萊子而誤，故本傳老子語孔子「去子之驕色與多欲，態心與淫志」。而《莊子‧外物篇》則曰，老萊子謂孔子「去汝躬矜與汝容知」。國策載老萊子教孔子語，《孔叢子‧抗志篇》以為老萊子語子思，而《說苑‧敬慎篇》則以為常樅教老子。（《呂氏春秋‧慎大篇》，表商容之閭。高誘注，商容，殷之賢人，老子師也。

　　商常容樅音近而誤。淮南主術訓，表商容之閭，注同。繆稱訓，老子學商容，是舌而知守柔矣。《呂氏春秋‧離謂篇》，箕子商容以此窮。注，商容，紂時賢人，老子所從學也。）然則老萊子之稱老子也舊矣。實則三人不相蒙也。若《莊子》載老聃之言，率原於道德之意，而《天道篇》載孔

子西藏書於周室，尤誤後人。「寓言十九」，固已自揭之矣。

容甫將《老子列傳》中之主人分為三人，而以著五千文者為史儋，孔子問禮者為老聃，家於苦縣者為老萊子。此種分析誠未必盡是，然實是近代考證學最秀美之著作。若試決其當否，宜先審其推論所本之事實，出自何處。

一，容甫不取《莊子》，以為「寓言十九，固自揭之」。按，《今本莊子》，實向秀、郭象所定之本（見《晉書・本傳》），西晉前之莊子面目，今已不可得見，郭氏於此書之流行本，大為刪刈。《經典釋文》卷一引之曰：「故郭子云，一曲之才，妄竄奇說，若閼奕意脩之首，危言遊鳧子胥之篇，凡諸巧雜十分有三。」子玄非考訂家，其所刪削，全憑自己之理會可知也。《莊子》之成分既雜，今本面目之成立又甚後（說詳下文釋莊子節），則《莊子》一書本難引為史料。蓋如是後人增益者，固不足據，如誠是自己所為，則「寓言十九，固自己揭之」也。《莊子》書中雖有與容甫說相反者，誠未足破之。

二，容甫引用《列子》文，《列子》固較《莊子》為可信耶？《列子》八篇之今本，亦成於魏晉時，不可謂其全偽，以其中收容有若干舊材料也。不可謂其不偽，以其編制潤色增益出自後人也。《列子》書中所記人事，每每偶一覆核，頓見其謬者；今證老子時代，多取於此，誠未可以為定論。

然有一事足證汪說者，《史記》記老子七代孫假仕漢文朝，假定父子一世平均相差三十五年不為不多，老子猶不應上於周安王。安王元年，上距孔子之生猶百餘年。且魏為諸侯在威烈王二十三年（西曆前403），上距孔子之卒（前479）七十六年，若老子長於孔子者，老子之子焉得如此之

後？又《莊子·天下篇》（《天下篇》之非寓言，當無異論），關尹老聃並舉，關尹在前，老聃在後。關尹生年無可詳考，然周故籍以及後人附會，無以之為在諸子中甚早者；關尹如此，老子可知。

　　《史記》記老子只四事：一，為周守藏史；二，孔子問禮；三，至關見關尹；四，子宗仕魏。此四事除問禮一事外，無不與儋合。（儋為周史，儋入關見秦獻公，儋如有子，以時代論恰可仕於魏。）容甫所分析宜若不誤也。五千言所談者，大略兩端：一，道術；二，權謀。此兩端實亦一事，道術即是權謀之擴充，權謀亦即道術之實用。「知其雄，守其雌，為天下谿；知其榮，守其辱，為天下谷」；「人皆取先，己獨取後」云云者，固是道術之辭，亦即權謀之用。

　　五千言之意，最洞澈世故人情，世當戰國，人識古今，全無主觀之論，皆成深刻之言。「將欲取之，必故與之」；即荀息滅虢之策，陰謀之甚者也。「夫惟弗居，是以不去」；即所謂「精華既竭，褰裳去之」者之廉也。故《韓非子》書中《解老》、《喻老》兩篇所釋者，誠老子之本旨，談道術乃其作用之背景，陰謀術數乃其處世之路也。「當其無有車之用」，實帝王之術。「國之利器，不可示人」；亦御下之方。至於柔弱勝剛強，無事取天下，則戰國所託黃帝殷甲伊尹太公皆如此旨。並競之世，以此取敵；並事一朝，以此自得。其言若抽象，若怪譎，其實乃皆人事之歸納，處世之方策。

　　《解老》以人間世釋之，《喻老》以故事釋之，皆最善釋老者。王輔嗣敷衍旨要，固已不及；若後之侈為玄談，曼衍以成長論，乃真無當於老子用世之學者矣。《史記》稱漢文帝好黃老刑名。今觀文帝行事，政持大體，令不擾民，節用節禮，除名除華，居平勃之上，以無用為用，介強藩之中，以柔弱克之，此非庸人多厚福，乃是帷幄有深謀也。

　　洛陽賈生，雖為斯公再傳弟子，習於刑名，然年少氣盛，侈言高論，以正朔服色動文帝，文帝安用此擾為？竇太后問轅固生老子何如，轅云：「此家人言耳。」可見漢人於老子以為處世之論而已，初與侈談道體者大不同，尤與神仙不相涉也。又當初為老學者曰黃老，黃者或云黃帝，或云黃生（例如夏曾佑說）。黃生漢人，不宜居老之上。而《漢志》列黃帝者四目，兵家舉黃帝風后力牧者，又若與道家混。是黃老之黃，乃指黃帝，不必有異論。五千文中，固自言「以正治國，以奇用兵，以無事取天下」；則無為之論，權謀術數之方，在戰國時代誠可合為一勢者矣。

　　綜上所說，約之如下：五千文非玄談者，乃世事深刻歸納。在戰國時代，全非顯學。孔子孟子固未提及，即下至戰國末，荀子非十二子，老氏關尹不與；韓非斥顯學，絕五蠹，道家黃老不之及；僅僅《莊子・天下篇》一及之，然所舉關尹之言乃若論道，所稱老聃之言只是論事。《莊子・天下篇》之年代，蓋差前乎荀卿，而入漢後或遭潤色者（說別詳）。

　　是戰國末漢初之老學，應以韓子解喻兩篇者為正；文帝之治為其用之效，合陰謀，括兵家，為其域之廣。留侯黃石之傳說，河上公之神話，皆就「守如處女，出如脫兔」之義敷衍之，進為人君治世之衡，退以其說為帝王師，斯乃漢初之黃老面目。史儋以其職業多識前言往行，處六百年之宗主國，丁世變之極殷（戰國初年實中國之大變，顧亭林曾論之），其制五千言固為情理之甚可能者。

　　今人所謂「老奸巨猾」者，自始即號老矣。申韓刑名之學，本與老氏無衝突處，一談其節，一振其綱，固可以刑名為用，以黃老為體矣。此老氏學最初之面目也。

　　「老學既黃」（戲為此詞），初無須大變老氏旨也，蓋以陰謀運籌帷幄

之中，以權略術數決勝千里之外，人主之取老氏者本以此，則既黃而兵家權略皆人之，亦固其所。然黃帝實戰國末漢初一最大神道，儒道方士神仙兵家法家皆託焉，太史公足跡所至，皆聞其神話之跡焉（見《五帝本紀·贊》）。則既黃而雜亦自然之勢矣。

老學一變而雜神仙方士，神仙方士初與老氏絕不相涉也（白居易詩「玄元聖祖五千言，不言樂，不言仙，不言白日升青天」），神仙方士起於燕齊海上，太史公記之如此，本與鄒魯之儒學無涉，周鄭三晉之道論（老子），官術（申韓），不相干。然神仙方術之說來自海濱，無世可紀，不得不比附顯學以自重於當時。

戰國末顯學儒墨也（見《韓非子》），故秦始皇好神仙方士，乃東遊，竟至鄒嶧山，聚諸生而議之。其後怒求神仙者之不成功，大坑術士，而扶蘇諫曰：「諸生皆誦法孔子，今上皆重法繩之，臣恐天下不安。」坑術士竟成坑儒，則當時術士自附於顯學之儒可知。儒者在戰國時，曾西流三晉，南行楚吳；入漢而微，僅齊魯之故壘不失。文景時顯學為黃老，於是神仙方士又附黃老，而修道養性長壽成丹各說皆與老子文成姻緣，淮南一書，示當時此種流勢者不少。故神仙方士之入於道，時代為之，與本旨之自然演化無涉也。

武帝正儒者之統，行陰陽之教，老學遂微。漢初數十年之顯學，雖式微於上，民間稱號終不可息。且權柄刑名之論，深於世故者好取之，馭下者最便之，故宣帝猶賢黃老刑名，而薄儒術。

後世治國者縱慣以儒術為號，實每每陰用黃老申韓焉。又百家廢后，自在民間離合，陰陽五行既已磅礴當世，道與各家不免借之為體，試觀《七略》、《漢志》論次諸子，無家不成雜家，非命之墨猶須順四時而行（陰

陽家說），其他可知矣。在此種民間混合中，老子之號自居一位，至於漢末而有黃巾道士，斯誠與漢初老學全不相涉也。

東漢以來，儒術凝結，端異者又清澈之思，王充仲長統論言於前，王弼、鍾會注書於後，於是老氏之論復興。然魏晉之老乃莊老，與漢初黃老絕不同。治國者黃老之事，玄談者莊老之事。老莊之別，《天下篇》自言之，老乃世事洞明，而以深刻之方術馭之者；莊乃人情練達，終於感其無何奈何，遂「糊裡糊塗以不了了之」者。

魏晉間人，大若看破世間紅塵，與時俯仰，通其狂惑（如阮嗣宗），故亦厄言曼行，「以天下為沉濁不可與莊語」，此皆莊書所稱。若老子則有積極要求，潛藏雖有之，卻並非「不譴是非以與世俗處」者。干令升《晉紀‧總論》云：「學者以莊老為宗而絀六經」，不言老莊。太史公以莊釋老，遂取莊書中不甚要各篇，當時儒道相絀之詞，特標舉之。甚不知莊生自有其旨。

魏晉人又以老釋莊，而五千言文用世之意，於以微焉。例如何平叔者，安知陳張蕭曹之術乎？乃亦侈為清談，超機神而自比於猶龍，志存吳蜀，忘卻肘腋之患，適得子房之反，運籌千里之外，決敗帷幄之中矣。此種清談決非老子之效用也。

老學之流變既如上述，若晉人葛洪神仙之說，魏人寇謙之符錄之術，皆黃巾道士之支與裔，與老子絕無涉者。老萊子一人，孔子弟子列傳既引之，大約漢世乃及戰國所稱孔子問禮之事每以老萊子當之，以老聃當之者，其別說也。孔子事蹟後人附會極多，今惟折衷於《論語》，差為近情。《論語》未談孔子問禮事，然記孔子適南時所受一切揶揄之言，如長沮桀溺、荷蓧丈人、接輿等等，而鳳兮之嘆流傳尤多。

　　孔子至楚乃後來傳說，無可考證，若厄陳蔡則系史實。苦為陳邑，孔子卒時陳亡於楚，則老萊子固可為孔子適陳蔡時所遇之隱君子，苦邑人亦可因陳亡而為楚人屬，之與萊在聲音上同紐，或亦方言之異也。老萊子責孔子以「去汝躬矜與汝容知」之說，容有論事，則老萊亦楚狂一流之人；不然，亦當是憑藉此類故事而生之傳說，初無涉乎問禮。及老聃（或史儋）之學寢寢與顯學之儒角逐，孔老時代相差不甚遠，從老氏以紬儒學者，乃依舊聞而造新說，遂有問禮之論，此固是後人作化胡經之故智。六朝人可將老聃釋迦合，戰國末漢初人獨不可將仲尼老聃合乎？

　　《論語》、《孟子》、《荀子》及《曲禮》、《檀弓》諸篇，戰國儒家史今存之材料也，其中固無一言及此，惟曾子問三言之。今觀曾子《檀弓》問所記，皆禮之曲節，陰陽避忌之言，傅會掌故之語，誠不足當問禮之大事。明堂，戴記中，除《曲禮》數篇尚存若干戰國材料外，幾乎皆是漢博士著作或編輯，前人固已言其端矣。（太史公、班孟堅、盧植明指《王制》為漢文時博士作，甚顯之中庸，亦載「今天下車同軌」及「載華獄而不重」之言。）

■ 附記：

　　韓文公已開始不信問禮事，原道云：「老者日，孔子吾師之弟子也，為孔子者習聞其說，樂其誕而自小也，亦日吾師亦嘗師之云爾。不惟舉之於其口，而又筆之於其書。」然《史記》一書雜老學，非專為儒者。

　　儋聃為一人，儋聃亦為一語之方言變異。王船山日：「老聃亦日太史儋，儋聃音蓋相近。」畢沅日：「古瞻儋字通。《說文解字》有聃云：『耳曼也』；又有瞻字云：『垂耳也，南方瞻耳之國』。《大荒北經》、《呂覽》瞻耳字並作儋。又《呂覽》：老聃，字。《淮南王》書瞻、耳字皆作耽。《說文解字》有耽字云：『耳大垂也。』蓋三字聲義相同，故並借用之。」此確論

也。儋聃既為一字之兩書，孔子又安得於卒後百餘年從在秦獻公十一年入關之太史儋問禮乎？總而言之，果著五千文者有人可指當為史儋，果孔子適南又受揶揄，當為老萊子也。

上說或嫌頭緒不甚清晰，茲更約述之。

一、老子五千言之作者為太史儋，儋既為老聃，後於孔子。此合汪、畢說。

二、儋聃雖一人，而老萊則另一人，萊厲或即一語之轉。

三、孔子無問禮事，曾子問不可據。問禮說起於漢初年儒老之爭。

四、始有孔子受老萊子揶揄之傳說，後將老子代老萊。假定如此。

五、老子書在戰國非顯學，入漢然後風靡一世。

六、老莊根本有別，韓子書中《解老》、《喻老》兩篇，乃得老子書早年面目者。

《莊子》書最雜，須先分析篇章然後可述說指歸，待於下篇中詳辨之。

■ 附錄：老子《道德經》

第一章

道可道，非常道。名可名，非常名。無名天地之始；有名萬物之母。故常無，欲以觀其妙；常有，欲以觀其徼。此兩者，同出而異名，同謂之玄。玄之又玄，眾妙之門。

第二章

天下皆知美之為美，斯惡已。皆知善之為善，斯不善已。有無相生，難易相成，長短相形，高下相盈，音聲相和，前後相隨。恆也。是以聖人

處無為之事，行不言之教；萬物作而弗始，生而弗有，為而弗恃，功成而不居。夫唯弗居，是以不去。

第三章

不尚賢，使民不爭不貴難得之貨，使民不為盜；不見可欲，使民心不亂。是以聖人之治，虛其心，實其腹，弱其志，強其骨。常使民無知無慾。使夫智者不敢為也。為無為，則無不治。

第四章

道衝，而用之或不盈。淵兮，似萬物之宗；湛兮，似或存。吾不知誰之子，象帝之先。

第五章

天地不仁，以萬物為芻狗；聖人不仁，以百姓為芻狗。天地之間，其猶橐籥乎。虛而不屈，動而愈出。多言數窮，不如守中。

第六章

穀神不死，是謂玄牝。玄牝之門，是謂天地根。帛系若存，用之不勤。

第七章

天長地久。天地所以能長且久者，以其不自生，故能長生。是以聖人後其身而身先；外其身而身存。非以其無私邪。故能成其私。

第八章

上善若水。水善利萬物而不爭，處眾人之所惡，故幾於道。居善地，心善淵，與善仁，言善信，政善治，事善能，動善時。夫唯不爭，故無尤。

第九章

持而盈之，不如其已；揣而銳之，不可長保。金玉滿堂，莫之能守；富貴而驕，自遺其咎。功遂身退，天之道也。

第十章

載營魄抱一，能無離乎。專氣致柔，能如嬰兒乎。滌除玄鑑，能如疵乎。愛國治民，能無為乎。天門開闔，能為雌乎。明白四達，能無知乎。

第十一章

三十輻，共一轂，當其無，有車之用。埏埴以為器，當其無，有器之用。鑿戶牖以為室，當其無，有室之用。故有之以為利，無之以為用。

第十二章

五色令人目盲；五音令人耳聾；五味令人口爽；馳騁畋獵，令人心發狂；難得之貨，令人行妨。是以聖人為腹不為目，故去彼取此。

第十三章

寵辱若驚，貴大患若身。何謂寵辱若驚。寵為下，得之若驚，失之若驚，是謂寵辱若驚。何謂貴大患若身。吾所以有大患者，為吾有身，及吾無身，吾有何患。故貴以身為天下，若可寄天下；愛以身為天下，若可託天下。

第十四章

視之不見，名曰夷；聽之不聞，名曰希；搏之不得，名曰微。此三者不可致詰，故混而為一。其上不皦，其下不昧。繩繩兮不可名，復歸於物。是謂無狀之狀，無物之象，是謂惚恍。迎之不見其首，隨之不見其後。執古之道，以御今之有。能知古始，是謂道紀。

第十五章

古之善為道者，微妙玄通，深不可識。夫唯不可識，故強為之容：豫兮若冬涉川；猶兮若畏四鄰；儼兮其若客；渙兮其若凌釋；敦兮其若樸；曠兮其若谷；混兮其若濁；澹兮其若海；飂兮若無止。孰能濁以靜之徐清。孰能安以動之徐生。保此道者，不欲盈。夫唯不盈，故能蔽而新成。

第十六章

致虛極，守靜篤。萬物並作，吾以觀復。夫物芸芸，各復歸其根。歸根曰靜，靜曰覆命。覆命曰常，知常曰明。不知常，妄作兇。知常容，容乃公，公乃全，全乃天，天乃道，道乃久，沒身不殆。

第十七章

太上，不知有之；其次，親而譽之；其次，畏之；其次，侮之。信不足焉，有不信焉。悠兮其貴言。功成事遂，百姓皆謂：「我自然。」

第十八章

大道廢，有仁義；智慧出，有大偽；六親不和，有孝慈；國家昏亂，有忠臣。

第十九章

絕聖棄智，民利百倍；絕仁棄義，民復孝慈；絕巧棄利，盜賊無有。此三者以為文，不足。故令有所屬：見素抱樸，少思寡慾，絕學無憂。

第二十章

唯之與阿，相去幾何。之與惡，相去若何。人之所畏，不可不畏。荒兮，其未央哉。眾人熙熙，如享太牢，如春登臺。我獨泊兮，其未兆；沌

沌兮，如嬰兒之未孩；儽儽兮，若無所歸。眾人皆有餘，而我獨若遺。我愚人之心也哉。俗人昭昭，我獨昏昏。俗人察察，我獨悶悶。眾人皆有以，而我獨頑且鄙。我獨異於人，而貴食母。

第二十一章

孔德之容，惟道是從。道之為物，惟恍惟惚。惚兮恍兮，其中有象；恍兮惚兮，其中有物。窈兮冥兮，其中有精；其精甚真，其中有信。自今及古，其名不去，以閱眾甫。吾何以知眾甫之狀哉。以此。

第二十二章

曲則全，枉則直，窪則盈，敝則新，少則得，多則惑。是以聖人抱一為天下式。不自見，故明；不自是，故彰；不自伐，故有功；不自矜，故長。夫唯不爭，故天下莫能與之爭。古之所謂「曲則全」者，豈虛言哉。誠全而歸之。

第二十三章

希言自然。故飄風不終朝，驟雨不終日。孰為此者。天地。天地尚不能久，而況於人乎。故從事於道者，同於道；德者，同於德；失者，同於失。同於道者，道亦樂得之；同於德者，德亦樂得之；同於失者，失亦樂得之。信不足焉，有不信焉。

第二十四章

企者不立；跨者不行；自見者不明；自是者不彰；自伐者無功；自矜者不長。其在道也，曰：餘食贅形。物或惡之，故有道者不處。

第二十五章

有物混成，先天地生。寂兮寥兮，獨立而不改，周行而不殆，可以為天地母。吾不知其名，強字之曰道，強為之名曰大。大曰逝，逝曰遠，遠曰反。故道大，天大，地大，人亦大。域中有四大，而人居其一焉。人法地，地法天，天法道，道法自然。

第二十六章

重為輕根，靜為躁君。是以君子終日行不離輜重。雖有榮觀，燕處超然。奈何萬乘之主，而以身輕天下。輕則失根，躁則失君。

第二十七章

善行無轍跡，善言無瑕讁；善數不用籌策；善閉無關楗而不可開，善結無繩約而不可解。是以聖人常善救人，故無棄人；常善救物，故無棄物。是謂襲明。故善人者，不善人之師；不善人者，善人之資。不貴其師，不愛其資，雖智大迷，是謂要妙。

第二十八章

知其雄，守其雌，為天下溪。為天下溪，常德不離，復歸於嬰兒。知其白，守其辱，為天下谷。為天下谷，常德乃足，復歸於樸。知其白，守其黑，為天下式。為天下式，常德不忒，復歸於無極。樸散則為器，聖人用之，則為官長，故大智不割。

第二十九章

將欲取天下而為之，吾見其不得已。天下神器，不可為也，不可執也。為者敗之，執者失之。是以聖人無為，故無敗；無執，故無失。夫物或行或隨；或噓或吹；或強或羸；或載或隳。是以聖人去甚，去奢，去泰。

第三十章

以道佐人主者，不以兵強天下。其事好遠。師之所處，荊棘生焉。大軍之後，必有凶年。善有果而已，不以取強。果而勿矜，果而勿伐，果而勿驕。果而不得已，果而勿強。物壯則老，是謂不道，不道早已。

第三十一章

夫兵者，不祥之器，物或惡之，故有道者不處。君子居則貴左，用兵則貴右。兵者不祥之器，非君子之器，不得已而用之，恬淡為上。勝而不美，而美之者，是樂殺人。夫樂殺人者，則不可得志於天下矣。吉事尚左，凶事尚右。偏將軍居左，上將軍居右，言以喪禮處之。殺人之眾，以悲哀泣之，戰勝以喪禮處之。

第三十二章

道常無名樸。雖小，天下莫能臣。侯王若能守之，萬物將自賓。天地相合，以降甘露，民莫之令而自均。始制有名，名亦既有，夫亦將知止，知止可以不殆。譬道之在天下，猶川穀之於江海。

第三十三章

知人者智，自知者明。勝人者有力，自勝者強。知足者富。強行者有志。不失其所者久。死而不亡者壽。

第三十四章

大道泛兮，其可左右。萬物恃之以生而不辭，功成而不有。衣養萬物而不為主，可名於小；萬物歸焉而不為主，可名為大。以其終不自為大，故能成其大。

第三十五章

執大象，天下往。往而不害，安平泰。樂與餌，過客止。道之出口，淡乎其無味，視之不足見，聽之不足聞，用之不足既。

第三十六章

將欲歙之，必故張之；將欲弱之，必故強之；將欲廢之，必故興之；將欲取之，必故與之。是謂微明。柔弱勝剛強。魚不可脫於淵，國之利器不可以示人。

第三十七章

道常無為而無不為。侯王若能守之，萬物將自化。化而欲作，吾將鎮之以無名之樸。鎮之以無名之樸，夫將不欲。不欲以靜，天下將自正。

第三十八章

上德不德，是以有德；下德不失德，是以無德。上德無為而無以為；下德無為而有以為。上仁為之而無以為；上義為之而有以為。上禮為之而莫之應，則攘臂而扔之。故失道而後德，失德而後仁，失仁而後義，失義而後禮。夫禮者，忠信之薄，而亂之首。前識者，道之華，而愚之始。是以大丈夫處其厚，不居其薄；處其實，不居其華。故去彼取此。

第三十九章

昔之得一者：天得一以清；地得一以寧；神得一以靈；谷得一以生；侯得一以為天下正。其致之也，謂天無以清，將恐裂；地無以寧，將恐廢；神無以靈，將恐歇；谷無以盈，將恐竭；萬物無以生，將恐滅；侯王無以正，將恐蹶。故貴以賤為本，高以下為基。是以侯王自稱孤、寡、不穀。此非以賤為本邪。非乎。故致譽無譽。是故不欲琭琭如玉，珞珞如石。

第四十章

反者道之動；弱者道之用。天下萬物生於有，有生於無。

第四十一章

上士聞道，勤而行之；中士聞道，若存若亡；下士聞道，大笑之。不笑不足以為道。故建言有之：明道若昧；進道若退；夷道若纇；上德若谷；廣德若不足；建德若偷；質真若渝；大白若辱；大方無隅；大器晚成；大音希聲；大象無形；道隱無名。夫唯道，善貸且成。

第四十二章

道生一，一生二，二生三，三生萬物。萬物負陰而抱陽，衝氣以為和。人之所惡，唯孤、寡、不穀，而王公以為稱。故物或損之而益，或益之而損。人之所教，我亦教之。強梁者不得其死，吾將以為教父。

第四十三章

天下之至柔，馳騁天下之至堅。無有入無間，吾是以知無為之有益。不言之教，無為之益，天下希及之。

第四十四章

名與身孰親。身與貨孰多。得與亡孰病。甚愛必大費；多藏必厚亡。故知足不辱，知止不殆，可以長久。

第四十五章

大成若缺，其用不弊。大盈若衝，其用不窮。大直若屈，大巧若拙，大辯若訥。靜勝躁，寒勝熱。清靜為天下正。

第四十六章

天下有道，卻走馬以糞。天下無道，戎馬生於郊。禍莫大於不知足；咎莫大於欲得。故知足之足，常足矣。

第四十七章

不出戶，知天下；不窺牖，見天道。其出彌遠，其知彌少。是以聖人不行而知，不見而明，不為而成。

第四十八章

為學日益，為道日損。損之又損，以至於無為。無為而無不為。取天下常以無事，及其有事，不足以取天下。

第四十九章

聖人常無心，以百姓心為心。善者，吾善之；不善者，吾亦善之；德善。信者，吾信之；不信者，吾亦信之；德信。聖人在天下，歙歙焉，為天下渾其心，百姓皆注其耳目，聖人皆孩之。

第五十章

出生入死。生之徒，十有三；死之徒，十有三；人之生，動之於死地，亦十有三。夫何故。以其生之厚。蓋聞善攝生者，路行不遇兕虎，入軍不被甲兵；兕無所投其角，虎無所用其爪，兵無所容其刃。夫何故。以其無死地。

第五十一章

道生之，德畜之，物形之，勢成之。是以萬物莫不尊道而貴德。道之尊，德之貴，夫莫之命而常自然。故道生之，德畜之；長之育之；成之熟之；養之覆之。生而不有，為而不恃，長而不宰。是謂玄德。

第五十二章

天下有始，以為天下母。既得其母，以知其子，復守其母，沒身不殆。塞其兌，閉其門，終身不勤。開其兌，濟其事，終身不救。見小曰明，守柔曰強。用其光，復歸其明，無遺身殃；是為襲常。

第五十三章

使我介然有知，行於大道，唯施是畏。大道甚夷，而人好徑。朝甚除，田甚蕪，倉甚虛；服文采，帶利劍，厭飲食，財貨有餘；是為盜誇。非道也哉。

第五十四章

善建者不拔，善抱者不脫，子孫以祭祀不輟。修之於身，其德乃真；修之於家，其德乃餘；修之於鄉，其德乃長；修之於邦，其德乃豐；修之於天下，其德乃普。故以身觀身，以家觀家，以鄉觀鄉，以邦觀邦，以天下觀天下。吾何以知天下然哉。以此。

第五十五章

含「德」之厚，比於赤子。毒蟲不螫，猛獸不據，攫鳥不搏。

骨弱筋柔而握固。未知牝牡之合而峻作，精之至也。終日號而不嗄，和之至也。知和曰「常」，知常曰「明」。益生曰祥。心使氣曰強。物壯則老，謂之不道，不道早已。

第五十六章

知者不言，言者不知。挫其銳，解其紛，和其光，同其塵，是謂「玄同」。故不可得而親，不可得而疏；不可得而利，不可得而害；不可得而貴，不可得而賤。故為天下貴。

第五十七章

以正治國，以奇用兵，以無事取天下。吾何以知其然哉。以此：天下多忌諱，而民彌貧；人多利器，國家滋昏；人多伎巧，奇物滋起；法令滋彰，盜賊多有。故聖人云：「我無為，而民自化；我好靜，而民自正；我無事，而民自富；我無慾，而民自樸。」

第五十八章

其政悶悶，其民淳淳；其政察察，其民缺缺。是以聖人方而不割，廉而不劌，直而不肆，光而不耀。禍兮福之所倚，福兮禍之所伏。孰知其極。其無正也。正復為奇，善復為妖。人之迷，其日固久。

第五十九章

治人事天，莫若嗇。夫唯嗇，是謂早服；早服謂之重積德；重積德則無不克；無不克則莫知其極；莫知其極，可以有國；有國之母，可以長久；是謂深根固柢，長生久視之道。

第六十章

治大國，若烹小鮮。以道蒞天下，其鬼不神；非其鬼不神，其神不傷人；非其神不傷人，聖人亦不傷人。夫兩不相傷，故德交歸焉。

第六十一章

大邦者下流，天下之牝，天下之交也。牝常以靜勝牡，以靜為下。故大邦以下小邦，則取小邦；小邦以下大邦，則取大邦。故或下以取，或下而取。大邦不過欲兼畜人，小邦不過欲入事人。夫兩者各得所欲，大者宜為下。

第六十二章

道者萬物之奧。善人之寶,不善人之所保。美言可以市尊,美行可以加人。人之不善,何棄之有。故立天子,置三公,雖有拱璧以先駟馬,不如坐進此道。古之所以貴此道者何。不曰:求以得,有罪以免邪。故為天下貴。

第六十三章

為無為,事無事,味無味。圖難於其易,為大於其細;天下難事,必作於易,天下大事,必作於細。是以聖人終不為大,故能成其大。夫輕諾必寡信,多易必多難。是以聖人猶難之,故終無難矣。

第六十四章

其安易持,其未兆易謀。其脆易泮,其微易散。為之於未有,治之於未亂。合抱之木,生於毫末;九層之臺,起於累土;千里之行,始於足下。民之從事,常於幾成而敗之。慎終如始,則無敗事。

第六十五章

古之善為道者,非以明民,將以愚之。民之難治,以其智多。故以智治國,國之賊;不以智治國,國之福。知此兩者亦稽式。常知稽式,是謂「玄德」。「玄德」深矣,遠矣,與物反矣,然後乃至大順。

第六十六章

江海之所以能為百谷王者,以其善下之,故能為百谷王。是以聖人慾上民,必以言下之;欲先民,必以身後之。是以聖人處上而民不重,處前而民不害。是以天下樂推而不厭。以其不爭,故天下莫能與之爭。

第六十七章

天下皆謂我道大，似不肖。夫唯大，故似不肖。若肖，久矣其細也夫。我有三寶，持而保之。一曰慈，二曰儉，三曰不敢為天下先。慈故能勇；儉故能廣；不敢為天下先，故能成器長。今舍慈且勇；舍儉且廣；舍後且先；死矣。夫慈以戰則勝，以守則固。天將救之，以慈衛之。

第六十八章

善為士者，不武；善戰者，不怒；善勝敵者，不與；善用人者，為之下。是謂不爭之德，是謂用人之力，是謂配天古之極。

第六十九章

用兵有言：「吾不敢為主，而為客；不敢進寸，而退尺。」是謂行無行；攘無臂；扔無敵；執無兵。禍莫大於輕敵，輕敵幾喪吾寶。故抗兵相若，哀者勝矣。

第七十章

吾言甚易知，甚易行。天下莫能知，莫能行。言有宗，事有君。夫唯無知，是以不我知。知我者希，則我者貴。是以聖人被褐而懷玉。

第七十一章

知不知，尚矣；不知知，病也。聖人不病，以其病病。夫唯病病，是以不病。

第七十二章

民不畏威，則大威至。無狎其所居，無厭其所生。夫唯不厭，是以不厭。是以聖人自知不自見；自愛不自貴。故去彼取此。

第七十三章

勇於敢則殺，勇於不敢則活。此兩者，或利或害。天之所惡，孰知其故。天之道，不爭而善勝，不言而善應，不召而自來，繟然而善謀。天網恢恢，疏而不失。

第七十四章

民不畏死，奈何以死懼之。若使民常畏死，而為奇者，吾得執而殺之，孰敢。常有司殺者殺。夫代司殺者殺，是謂代大匠斲，夫代大匠斲者，希有不傷其手矣。

第七十五章

民之飢，以其上食稅之多，是以飢。民之難治，以其上之有為，是以難治。民之輕死，以其上求生之厚，是以輕死。夫唯無以生為者，是賢於貴生。

第七十六章

人之生也柔弱，其死也堅強。草木之生也柔脆，其死也枯槁。故堅強者死之徒，柔弱者生之徒。是以兵強則滅，木強則折。強大處下，柔弱處上。

第七十七章

天之道，其猶張弓歟。高者抑之，下者舉之；有餘者損之，不足者補之。天之道，損有餘而補不足。人之道，則不然，損不足以奉有餘。孰能有餘以奉天下，唯有道者。是以聖人為而不恃，功成而不處，其不欲見賢。

第七十八章

天下莫柔弱於水，而攻堅強者莫之能勝，以其無以易之。弱之勝強，柔之勝剛，天下莫不知，莫能行。是以聖人云：「受國之垢，是謂社稷主；受國不祥，是為天下王。」正言若反。

第七十九章

和大怨，必有餘怨；報怨以德，安可以為善。是以聖人執左契，而不責於人。有德司契，無德司徹。天道無親，常與善人。

第八十章

小國寡民。使有什伯之器而不用；使民重死而不遠徙。雖有舟輿，無所乘之，雖有甲兵，無所陳之。使民復結繩而用之。甘其食，美其服，安其居，樂其俗。鄰國相望，雞犬之聲相聞，民至老死，不相往來。

第八十一章

信言不美，美言不信。善者不辯，辯者不善。知者不博，博者不知。聖人不積，既以為人己愈有，既以與人己愈多。天之道，利而不害；聖人之道，為而不爭。

所謂「雜家」

《漢志》列雜家一門，其敘論曰：「兼儒墨，合名法，知國體之有此，見王治之無不貫。」按，雜而曰家，本不詞；但《呂覽》既創此體，而淮南述之，東方朔等著論又全無一家之歸，則兼儒墨合名法而成一家書之現象，在戰國晚年已成一段史實。

《呂氏春秋》一書，即所謂八覽六論十二紀之集合者，在思想上全沒有一點創作，體裁乃是後來人類書故事集之祖。現在戰國子家流傳者，千不得一，而《呂覽》取材之淵源，還有好些可以找到的。這樣著書法在諸子的精神上是一種腐化，因為儒家果然可兼，名法果然可合，諸子果無不可貫的話，則諸子固已「挫其銳，解其紛，和其光，同其塵」了。稷下諸子不名一家，而各自著其書，義極相反；「府主」並存而不混之，故諸子各盡其長。

這個陽翟大賈的賓客，竟為呂氏做這麼一部贗書，故異說各存其短。此體至淮南而更盛，而淮南書之矛盾乃愈多。因呂氏究竟不融化，尚不成一種系統論，孔墨並被稱者，以其皆能得眾，皆為後世榮之，德容所以並論者，以其兼為世主大人所樂聽，此尚是超乎諸子之局外，立於世主大人之地位，而欣賞諸子者。若淮南書，則諸子局外之人，亦強人諸子之內，不復立於欣賞辯說之客者地位，而更求熔化得成一系統論。

《呂覽》這部書在著書體裁上是個創作，蓋前於《呂覽》者，只聞著篇不聞著成系統之一書。雖慎子著十二論以齊物為始，彷彿像是一個系統論，但《慎子》殘文見於《莊子》等書者甚少，我們無以見他的十二論究竟原始要終系統到什麼地步。自呂氏而後，漢朝人著文，乃造系統，於是篇的觀念進而為書的觀念。淮南之書，子長之史，皆從此一線之體裁。

「呂氏」「淮南」兩書，自身都沒有什麼內含價值，然因其為「類書」，儲存了不少的早年材料，所以現在至可貴。猶之乎《北堂書鈔》、《藝文類聚》、《太平御覽》等書，自身都是無價值的，其價值在其儲存材料。《永樂大典》的編製法，尤其不像一部書，然古書為他儲存了不少。

祥之重興與五行說之盛

　　中國古來和一切古國家一樣，都是最重巫卜的。即如安陽殷墟出土卜辭數量之多，可知當時無事不卜。到了周世史官所職，仍以卜事為先。春秋戰國時人民的理性大發達，卜事大廢，而一切怪力亂神之說為學者所擯棄。乃戰國晚年齊國又以他的民間迷信及他的哲學化的迷信 —— 五行論 —— 漸漸普遍中國，這些東西便是漢朝學問思想的一個開端。當時的明理之儒，對這些東西很憤恨的。《史記·荀子列傳》：「荀卿嫉濁世之政，亡國亂君相屬，不遂大道，而營於巫祝，信祥」。《荀子》書中有《非相》等篇，痛論這些物事。非十二子篇中排五行論，正是對這種風氣而發，不過把造作五行論的罪加在子思孟軻身上，大約是冤枉他們倆了。

　　陰陽之教，五行之論，訊息之說，封禪之事，雖由秦皇漢武之培植而更盛，然秦皇漢武也只是取當時民間的流行物而好尚之，不是有所創造。《漢志》中所錄關於這一類的東西極多，不過現在都不存在，所以這一派在漢之極盛雖是一件顯然的事實，而這些齊學之原由，除《史記·論鄒衍》的一段外，竟無材料可考，我們只知道他是戰國末年已成就的一種大風氣罷了。

梁朝與稷下

　　戰國時五光十色的學風，要有培植的所在，猶之乎奇花異樹要有他們的田園。歐洲十七八世紀的異文異說，靠諸侯朝廷及世族之家的培養；十九世紀的異文異說，靠社社富足能養些著文賣書的人。戰國時諸子，自

也有他們的生業，他們正是依諸侯大族為活的。而最能培植這些風氣的地方，一是梁朝，一是稷下。這正同於路易王李失路丞柏下之巴黎，伏裡迭利二世之柏林，加特林後之彼得斯堡。

梁朝之盛，在於文侯之世。

（《史記・魏世家》）文侯之師田子方……文侯受子貢經藝，客段干木，過其閭，未嘗不軾也。秦嘗欲伐魏，或曰，魏君賢人是禮，國人稱仁，上下和合，未可圖也。文侯由此得譽於諸侯。

《漢志・儒家》有魏文侯六篇，早已佚。然《樂記》、《呂覽》、《說苑新序》引魏文侯事語甚多，蓋文侯實是戰國時最以禮賢下士重師崇儒著聞者。《漢志・儒家》魏文侯六篇後又有李克七篇，班注云：「子夏弟子，為魏文侯相。」子夏說教西河，是儒學西行一大關鍵。禽滑釐相傳即於此受業。文侯朝中又有吳起，亦儒者曾參弟子。文侯卒，武侯立。文侯武侯時魏甚強。武侯卒，公孫緩與惠侯爭立，幾乎亡國。

惠王初年，魏尚強，陵屬韓趙，後乃削於齊楚，尤大困於秦，去安邑而徙大梁。《史記・魏世家》：「惠王數敗於軍旅，卑禮厚幣，以招賢者，鄒衍，淳于髡，孟軻，皆至梁。」惠侯卒（惠王之稱王乃追謚，見《史記》），襄王立，更削於秦。卒，哀王立。哀王卒，昭王立，魏尤削於秦。昭王卒，安釐王立。是時魏以「一萬乘之國……西面而事秦，稱東藩，受冠帶，祠春秋」。然以信陵君之用，存邯鄲，卻秦軍，又「率五國兵攻秦，敗之河內，走蒙驁」。自秦獻孝東向以臨諸侯之後，關東諸侯無此盛事。《韓非子・有度篇》以齊桓楚莊魏安釐之伯合稱，魏安釐王必也是一個好文學者，不然他家中不會有許多書。

（《晉書・束皙傳》）初，太康二年，汲郡人不準盜發魏襄王墓，或言

129

安釐王冢，得竹書數十車。其《紀年》十三篇，記夏以來至周幽王為犬戎所滅，以晉接之，三家分，仍述魏事，至安釐王之二十年。蓋魏國史書。大略與《春秋》皆多相應。其中經傳大異，則云：夏年多殷，益干啟位，啟殺之；太甲殺伊尹；文丁殺季歷；自周受命至穆王百年，非穆王壽百歲也；幽王既亡，有共伯和者攝行天子事，非二相共和也。

其《易經》二篇與《周易》上下經同，《易繇陰陽卦》二篇，與《周易》略同，繇辭則異。《卦下易經》一篇，似說卦而異。《公孫段》二篇，公孫段與邵陟論易。《國語》三篇，言楚晉事。名三篇，似《禮記》，又似《爾雅》、《論語》；《師春》一篇，書《左傳》諸卜筮，師春似是造書者姓名也。《瑣語》十一篇，諸國卜夢妖怪相書也。《梁丘藏》一篇，先敘魏之世數，次言丘藏金玉事。《繳書》二篇，論弋射法。《生封》一篇，帝王所封。《大曆》二篇，鄒子談天類也。《穆天子傳》五篇，言周穆王遊行四海，見帝臺、西王母。《圖詩》一篇，畫贊之屬也。又雜書十九篇，《周食田法》，《周書》，《論楚事》，《周穆王美人盛姬死事》。大凡七十五篇。七篇簡書折壞，不識名題。冢中又得銅劍一枚，長二尺五寸。漆書皆科斗字。初發冢者燒策照取寶物，及官收之，多燼簡斷札。文既殘缺，不復詮次。

燒策之餘，尚有如許多書，恐怕當時諸侯不是人人這樣好學罷？魏地入秦，大梁為墟（見《史記·魏世家贊》），歷經楚漢，王侯易主，而梁朝在漢之盛猶以多文學賢士聞，梁地風氣所流者遠矣。

齊以其富更可以致天下賢士，炫於諸侯。《史記·孟荀列傳》：

自鄒衍與齊之稷下先生，如淳于髡、慎到、環淵、接子，田駢鄒奭之徒，各著書，言治亂之事，以干世主，豈可勝道哉？……自如淳于髡以下，皆命曰列大夫，為開（第康莊之衢，高門大屋，尊寵之，覽天下諸侯

賓客，言齊能致天下賢士也。……田駢之屬皆已死，齊襄王時，而荀卿最為老師。齊尚修列大夫之缺。而荀卿三為祭酒焉。

又《田完世家》：

宣王喜文學遊說之士，自如鄒衍淳髡，田駢、接子、慎到、環淵之徒，七十六人，皆賜列（第，為上大夫，不治而議論。是以齊稷下復盛，且數百千人。（按：言復盛必其前曾盛，然《史記》無明文，不知是在威王時或在姜氏朝？）

戰國中期方術文學之士聞名於後者，幾乎皆是客遊梁朝稷下之人（試以《漢志·諸子略》各家名稱較之），可見這樣朝廷與這樣風氣的關係。荀卿時，齊已一度亡於燕，尚修列大夫之缺，梁安釐王亦在四戰之世，還都如此。

齊晉兩派政論

一種政論之生不能離了他的地方人民性，是從到古今再顯明沒有的事情。例如放任經濟論之起於英，十八世紀自由論之起於法，國家論及國家社會論起於德，所謂「拜金主義」者之極盛於美，都使我們覺得有那樣土田，才生那樣草木。中國在春秋戰國間東西各部既通而未融，既混而未一，則各地政論之起，當因地域發生很不同的傾向，是自然的事。

戰國時風氣最相反的莫如齊秦，一以富著，一以強稱，一則寬博，一則褊狹，一則上下靡樂，一則人民勇於公戰，一則天下賢士皆歸之，一則自孝公以來即燔滅詩書（見《韓非子·和氏篇》）。齊則上下行商賈之利，秦則一個純粹的軍國家，齊之不能變為秦，猶秦之難於變為齊。秦能滅齊

而不能變其俗，秦地到了漢朝，為天下之都，一切之奢侈皆移於關中，而近秦之巴蜀，山鐵之富甲於世間，然後其俗少變，然關西猶以出將著聞。（時諺，關東多相，關西多將。）在這樣的差異之下，齊晉各有其不同的政治，亦即各有其政論是應該的。

但秦在繆公一度廣大之後，連著幾代不振作，即孝公令中所謂「厲躁簡公出子之不寧」者。及獻孝兩世，然後又有大志於中國，而關東賢士，因秦地自然之俗而利導之，如衛鞅。不有關東賢士，無以啟秦地之質，不有秦地之質，亦無以成關東賢士之用。此樣政治之施用在秦，而作此樣政論者則由三晉。

晉在初年亦全是一個軍國家，和東方諸侯不同，和秦國歷代姻戚，邊疆密邇，同俗之處想必甚多。即如晉國最大之趙孟，本是秦之同宗，晉之大夫出奔，每至於秦。晉在後來既強大，且富庶，漸失其早年軍國的實在。既分為三之後，只有趙國尚保持早年的武力；韓魏地當中國，無土可啟（魏始有上郡，後割於秦，遂失邊境），有中土之侈靡可學，遂為弱國。在不能開富不能啟土範圍之內，想把國家弄得強且固，於是造成一種官術論，即所謂申子之學，而最能實行這些官術論者，仍然是秦。

所以戰國時的政治論，略去小者不言，大別有東西兩派。齊為東派，書之存於後者有管子晏子。這個政論的重要題目，是：如何用富而使人民安樂，如何行權而由政府得利，如何以富庶致民之道德，如何以富庶戒士卒之勇敢，如何富而不侈，如何庶而不淫。

《管子》書中論政全是以經濟為政治論，《晏子》書論政全是以杜大國淫侈為政體論。返觀韓魏官術之論，及其行於秦國之跡，則全不是這些話。富國之術，只談到使民務本事，而痛抑商賈之操縱，執法立信，信賞

必罰，「罰九賞一」，「燔滅詩書」，重督責而絕五蠹（《商君書》作六蝨）。蓋既富之國，應用其富，而經濟政策為先（齊）；既衰之國，應強其政，而刑名之用為大（韓魏）；新興之國，應成一種力大而易使之民俗，以為兼併之資，而所謂商君之法者以興。這便是《管子》、《晏子》書對於商君、韓非書絕然不同的原因。

管晏商韓四部書都很駁雜，須待下篇論諸子分析時詳說，此處但舉齊學晉論幾個重要分素。

齊學《管子》書沒有一個字能是管子寫的，最早不過是戰國中年的著作，其中恐怕有好些是漢朝的東西。今姑以太史公所見幾篇為例，牧民山高乘馬輕重之旨要，太史公約之云：

管仲既任相齊，以區區之齊在海濱，通貨積財，富國強兵，與俗同好惡。故其稱曰，「倉廩實而知禮節，衣食足而知榮辱，上服度則六親固，四維不張國乃滅亡。下令如流水之原，令順民心。」故論卑而易行。俗之所欲，因而與之，俗之所否，因而去之。其為政也，善因禍而為福，轉敗而為功。貴輕重，慎權衡。桓公實怒少姬，南襲蔡，管仲因而伐楚，責包茅不入貢於周室。桓公實北征由戎，而管仲因而令燕修召公之政。於柯之會，桓公欲背曹沫之約，管仲因而信之。諸侯由是歸齊。故曰：知「與之為取」，政之寶也。

輕重權衡《管子》書中言之極詳，現在不舉例。《管子》書中義，譎中有正，變中有常，言大而夸，極多絕不切實用者，如《輕重·戊》一段，思將天下買得大亂，而齊取之；齊雖富，焉能這樣？這固全是齊人的風氣。然其要旨皆歸於開富源以成民德，治民對鄰，皆取一種適宜的經濟政策。《晏子》書文采甚高，陳義除貶孔丘外，皆與儒家義無相左處。齊

人好諫，好以諷辭為諫，晏子實淳于髡所慕而為其隱語諷辭者（見《史記》），齊人後來且以三百篇為諫書。

三晉論齊雖那樣富，「泱泱乎大國風」，但其人所見頗鄙，大有據茈萊而小天下之意。孟子每言齊人所見不廣，妄以自己所有為天下先，如云，「子誠齊人也，知管仲晏子而已矣！」若晉則以密邇東西周之故，可比齊人多知道天下之大，歷史之長，又以歷為百餘年中國伯主，新舊獻典，必更有些製作，故三晉政論當不如齊國之陋，然又未免於論術多而論政少，或竟以術為政。關於刑名之學之所起，《淮南要略》說得很好。

申子者，韓昭侯之佐。韓、晉之別國也。地激民險，而介於大國之間。晉國之故禮未滅，韓國之新法重出，先君之令未收，後君之令又下，新故相反，前後相繆，百官背亂，莫知所用：故刑名之書生焉。（此言亦見韓子《定法篇》，韓子書不出一人手，不知此言是誰抄誰者。）

申子刑名之學用於秦晉，用於漢世，此種官術自其小者言之，不過是些行政之規，持柄之要。申子書今雖不可見，然司馬子長以為「申子卑卑施之於名實」。大約還沒有很多的政治通論。不過由綜核名實發軌，自然可成一種溥廣的政論。所以韓子之學，雖許多出於名實之外；然「引繩墨，切事情」，亦即名實之推廣；不必因狹廣分申韓為二，兩人亦皆是韓地的地道出產。申子書今佚，然故書所傳申子昭侯事，頗有可引以證其作用者。

申子嘗請仕其從兄，昭侯不許，申子有怨色。昭侯曰，「所為學於子者，欲以治國也。今將聽子之謁，而廢子之術乎？已其行子之術，而廢子之請乎？子嘗教寡人修功勞，視次（第，今有所私求，我將奚聽乎」？申子乃闢舍請罪，曰：「君真其人也！」

昭侯有敝袴，命藏之。侍者曰：「君亦不仁者矣！不賜左右而藏之。」昭侯曰：「吾聞明王愛一嚬一笑，嚬有為嚬，笑有為笑。今袴豈特嚬笑哉？吾必待有功者！」（上兩事見韓子《說苑》等，文從《通鑑》所引。）

《韓非子》的雜篇章多是些申申子之意者，但韓非政論之最精要處在《五蠹》、《顯學》兩篇，這是一個有本有末的政論，不可僅把他看作是主張放棄儒墨文學俠士者。

顯學已抄在前篇，《五蠹》文長，不錄。

《商君書》純是申韓一派中物，《靳令篇》言六蝨，即韓子中五蠹之論。商君決不會著書，此書當是三晉人士，因商君之令而為之論。韓非子說家有其書，則託於商君之著書，戰國末年已甚流行，韓非子議論從其出者不少。

我們現在可以申韓商君為一派，而以為其與齊學絕不同者，《韓非子》書中有顯證。

（《定法》第四十三）問者曰：「申不害公孫鞅，此二家之言孰急於國？」應之曰：「是不可程也。人不食十日則死，大寒之隆，不衣亦死，論之衣食孰急於人，則是不可一無也，皆養生之具也。今申不害言術，而公孫鞅為法。術者，因任而授官，循名而責實，操殺生之柄，課群臣之能者也，此人主之所執也。法者，憲令著於官府，賞罰必於民心，賞存乎慎法，而罰加乎奸令者也，此臣之帥也。君無術則弊於上，臣無法則亂於下，此不可一無，皆帝王之具也。」

（同篇下文又云）二子之於法術，皆未盡善也。

（《難二》第三十七）景公過晏子，曰：「子宮小，近市，請徙子家豫章之圃。」晏子再拜而辭曰：「且嬰家貧，待市食而朝暮趨之，不可以遠。」

景公笑曰：「子家習市，識貴賤乎？」是時景公繁於刑。晏子對曰：「踴貴而履賤。」景公曰：「何故？」對曰：「刑多也。」景公造然變色曰：「寡人其暴乎？」於是損刑五。或曰：「晏子之貴踴，非其誠也，欲便辭以止多刑也，此不察治之患也。夫刑當，無多；不當，無少。無以不當聞，而以太多說，無術之患也。敗軍之誅以千百數，猶且不止，即治亂之刑如恐不勝，而奸尚不盡。今晏子不察其當否，而以太多為說，不亦妄乎？夫惜草茅者耗禾穗，惠盜賊者傷良民，今緩刑罰，行寬惠，是利奸邪而害善人也。此非所以為治也。

齊桓公飲酒，醉，遺其冠，恥之，三日不朝。管仲曰：「此非有國之恥也。公胡不雪之以政？」公曰：「善。」因發倉囷，賜貧窮，論囹圄，出薄罪。處三日而民歌之，曰：「公乎，公乎！胡不復遺其冠乎？」

或曰：「管仲雪桓公之恥於小人，而生桓公之恥於君子矣！使桓公發倉囷而賜貧窮，論囹圄而出薄罪，非義也，不可以雪恥；使之而義也，桓公宿義須遺冠而後行之，則是桓公行義非為遺冠也；是雖雪遺冠之恥於小人，而亦遺義之恥於君子矣。且夫發困倉而賜貧窮者，是賞無功也；論囹圄而出薄罪者，是不誅過也。夫賞無功則民偷，幸而望於上；不誅過則民不懲，而易為非。此亂之本也，豈可以雪恥哉？

按：上段必是當時流行《晏子‧諫書》中一節，下段必是當時流行《管子》書中一節，所謂「因禍以為福，轉敗以為功」者，為韓子學者皆不取此等齊人政論。

今本管韓書中皆多引用老子文句處，《管子》在《漢志》中列入道家，而太史公以為申韓皆原於道德之義。按：此戰國末年事，此是漢初年編輯此類篇章者加入之彩色，待下篇論諸子文籍分析時詳說。

■ 附：韓非子《五蠹》

上古之世，人民少而禽獸眾，人民不勝禽獸蟲蛇。有聖人作，構木為巢以避群害，而民悅之，使王天下，號曰有巢氏。民食果蓏蚌蛤，腥臊惡臭而傷害腹胃，民多疾病。有聖人作，鑽燧取火以化腥臊，而民說之，使王天下，號之曰燧人氏。中古之世，天下大水，而鯀、禹決瀆。近古之世，桀、紂暴亂，而湯、武征伐。今有構木鑽燧於夏后氏之世者，必為鯀、禹笑矣；有決瀆於殷、周之世者，必為湯、武笑矣。然則今有美堯、舜、湯、武、禹之道於當今之世者，必為新聖笑矣。是以聖人不期修古，不法常可，論世之事，因為之備。宋人有耕田者，田中有株，兔走觸株，折頸而死，因釋其耒而守株，冀復得兔，兔不可復得，而身為宋國笑。今欲以先王之政，治當世之民，皆守株之類也。

古者丈夫不耕，草木之實足食也；婦人不織，禽獸之皮足衣也。不事力而養足，人民少而財有餘，故民不爭。是以厚賞不行，重罰不用，而民自治。今人有五子不為多，子又有五子，大父未死而有二十五孫。是以人民眾而貨財寡，事力勞而供養薄，故民爭，雖倍賞累罰而不免於亂。

堯之王天下也，茅茨不翦，採椽不斫，糲粢之食，藜藿之羹；冬日麑裘，夏日葛衣；雖監門之服養，不虧於此矣。禹之王天下也，身執耒鍤，以為民先，股無胈，脛不生毛，雖臣虜之勞，不苦於此矣。以是言之，夫古之讓天子者，是去監門之養，而離臣虜之勞也，故傳天下而不足多也。今之縣令，一日身死，子孫累世絜駕，故人重之。是以人之於讓也，輕辭古之天子，難去今之縣令者，薄厚之實異也。

夫山居而谷汲者，膢、臘而相遺以水；澤居苦水者，買庸而決竇。故飢歲之春，幼弟不餉；穰歲之秋，疏客必食。非疏骨肉愛過客也，多少

之實異也。是以古之易財，非仁也，財多也；今之爭奪，非鄙也，財寡也。輕辭天子，非高也，勢薄也；爭土橐，非下也，權重也。故聖人議多少、論薄厚為之政。故罰薄不為慈，誅嚴不為戾，稱俗而行也。故事因於世，而備適於事。

　　古者文王處豐鎬之間，地方百里，行仁義而懷西戎，遂王天下。徐偃王處漢東，地方五百里，行仁義，割地而朝者三十有六國。荊文王恐其害己也，舉兵伐徐，遂滅之。故文王行仁義而王天下，偃王行仁義而喪其國，是仁義用於古不用於今也。故曰世異則事異。

　　當舜之時，有苗不服，禹將伐之。舜曰：「不可。上德不厚而行武，非道也。」乃修教三年，執干鏚舞，有苗乃服。共工之戰，鐵銛短者及乎敵，鎧甲不堅者傷乎體。是干鏚用於古不用於今也。故曰：事異則備變。

　　上古競於道德，中世逐於智謀，當今爭於氣力。

　　齊將攻魯，魯使子貢說之。齊人曰：「子言非不辯也，吾所欲者土地也，非斯言所謂也。」遂舉兵伐魯，去門十里以為界。故偃王仁義而徐亡，子貢辯智而魯削。以是言之，夫仁義辯智，非所以持國也。去偃王之仁，息子貢之智，循徐、魯之力，使敵萬乘，則齊、荊之慾不得行於二國矣。

　　夫古今異俗，新故異備。如欲以寬緩之政，治急世之民，猶無轡策而御駻馬，此不知之患也。今儒、墨皆稱先王兼愛天下，則視民如父母。何以明其然也？曰：「司寇行刑，君為之不舉；聞死刑之報，君為流涕。」此所舉先王也。夫以君臣為如父子則必治，推是言之，是無亂父子也。人之情性，莫先於父母，皆見愛而未必治也，雖厚愛矣，奚遽不亂？今先王之愛民，不過父母之愛子，子未必不亂也，則民奚遽治哉？且夫以法行刑，

而君為之流涕，此以效仁，非以為治也。夫垂泣不欲刑者，仁也；然而不可不刑者，法也。先王勝其法，不聽其泣，則仁之不可以為治亦明矣。

且民者固服於勢，寡能懷於義。仲尼，天下聖人也，修行明道以遊海內，海內說其仁、美其義而為服役者七十人。蓋貴仁者寡，能義者難也。故以天下之大，而為服役者七十人，而仁義者一人。魯哀公，下主也，南面君國，境內之民莫敢不臣。民者固服於勢，勢誠易以服人，故仲尼反為臣而哀公顧為君。仲尼非懷其義，服其勢也。故以義則仲尼不服於哀公，乘勢則哀公臣仲尼。今學者之說人主也，不乘必勝之勢，而務行仁義則可以王，是求人主之必及仲尼，而以世之凡民皆如列徒，此必不得之數也。

今有不才之子，父母怒之弗為改，鄉人譙之弗為動，師長教之弗為變。夫以父母之愛、鄉人之行、師長之智，三美加焉，而終不動，其脛毛不改。州部之吏操官兵、推公法，而求索奸人，然後恐懼，變其節，易其行矣。故父母之愛不足以教子，必待州部之嚴刑者，民固驕於愛、聽於威矣。故十仞之城，樓季弗能逾者，峭也；千仞之山，跛牂，易牧者，夷也。故明王峭其法而嚴其刑也。布帛尋常，庸人不釋；鑠金百溢，盜跖不掇。不必害，則不釋尋常；必害手，則不掇百溢。故明主必其誅也。是以賞莫如厚而信，使民利之；罰莫如重而必，使民畏之；法莫如一而固，使民知之。故主施賞不遷，行誅無赦。譽輔其賞，毀隨其罰，則賢、不肖俱盡其力矣。

今則不然。以其有功也爵之，而卑其士官也；以其耕作也賞之，而少其家業也；以其不收也外之，而高其輕世也；以其犯禁也罪之，而多其有勇也。誹譽、賞罰之所加者，相與悖繆也，故法禁壞而民愈亂。今兄弟被侵，必攻者，廉也；知友被辱，隨仇，者，貞也。廉、貞之行成，而君上之法犯矣。人主尊貞、廉之行，而忘犯禁之罪，故民程於勇，而吏不能勝

也。不事力而衣食，則謂之能；不戰功而尊，則謂之賢。賢、能之行成，而兵弱而地荒矣。人主說賢、能之行，而忘兵弱地荒之禍，則私行立而公利滅矣。

儒以文亂法，俠以武犯禁，而人主兼禮之，此所以亂也。夫離法者罪，而諸先生，以文學取；犯禁者誅，而群俠以私劍養。故法之所非，君之所取；吏之所誅，上之所養也。法、趣、上、下，四相反也，而無所定，雖有十黃帝不能治也。故行仁義者非所譽，譽之則害功；工文學者非所用，用之則亂法。楚之有直躬，其父竊羊，而謁之吏。令尹曰：「殺之」以為直於君而曲於父，報而罪之。以是觀之，夫君之直臣，父之暴子也。魯人從君戰，三戰三北。仲尼問其故，對曰：「吾有老父，身死，莫之養也。」仲尼以為孝，舉而上之。以是觀之，夫父之孝子，君之背臣也。故令尹誅而楚奸不上聞，仲尼賞而魯民易降北。上下之利，若是其異也，而人主兼舉匹夫之行，而求致社稷之福，必不幾矣。

古者蒼頡之作書也，自環者謂之私，背私謂之公，公私之相背也，乃蒼頡固以知之矣。今以為同利者，不察之患也，然則為匹夫計者，莫如修行義而習文學。行義修則見信，見信則受事；文學習則為明師，為明師則顯榮：此匹夫之美也。然則無功而受事，無爵而顯榮，為有政如此，則國必亂，主必危矣。故不相容之事，不兩立也。斬敵者受賞，而高慈惠之行；拔城者受爵祿，而信廉愛之說；堅甲厲兵以備難，而美薦紳之飾；富國以農，距敵恃卒，而貴文學之士；廢敬上畏法之民，而養遊俠私劍之屬。舉行如此，治強不可得也。國平養儒俠，難至用介士，所利非所用，所用非所利。是故服事者，簡其業，而於遊學者日眾，是世之所以亂也。

且世之所謂賢者，貞信之行也；所謂智者，微妙之言也。微妙之言，上智之所難知也。今為眾人法，而以上智之所難知，則民無從識之矣。

故糟糠不飽者不務粱肉，短褐，不完者不待文繡，。夫治世之事，急者不得，則緩者非所務也。今所治之政，民間之事，夫婦所明知者不用，而慕上知之論，則其於治，反矣。故微妙之言，非民務也。若夫賢良貞信之行者，必將貴不欺之士；不欺之士者，亦無不欺之術也。布衣相與交，無富厚以相利，無威勢以相懼也，故求不欺之士。今人主處制人之勢，有一國之厚，重賞嚴誅，得操其柄，以修明術之所燭，雖有田常、子罕之臣，不敢欺也，奚待於不欺之士？今貞信之士不盈於十，而境內之官以百數，必任貞信之士，則人不足官，人不足官，則治者寡而亂者眾矣。故明主之道，一法而不求智，固術而不慕信，故法不敗，而群官無奸詐矣。

今人主之於言也，說其辯而不求其當焉；其用於行也，美其聲而不責其功。是以天下之眾，其談言者務為辨而不周合於用，故舉先王、言仁義者人盈廷，而政不免於亂；行身者競於為高而不合於功，故智士退處巖穴，歸祿不受，而兵不免於弱，政不免於亂，此其故何也？民之所譽，上之所禮，亂國之術也。今境內之民皆言治，藏商、管之法、者家有之，而國愈貧，言耕者眾，執耒者寡也；境內皆言兵，藏孫、吳之書者家有之，而兵愈弱，言戰者多，被甲者少也。故明主用其力，不聽其言；賞其功，必禁無用。故民盡死力以從其上。夫耕之用力也勞，而民為之者，曰：可得以富也。戰之為事也危，而民為之者，曰：可得以貴也。今修文學，習言談，則無耕之勞而有富之實，無戰之危而有貴之尊，則人孰不為也？是以百人事智而一人用力。事智者眾，則法敗；用力者寡，則國貧：此世之所以亂也。

故明主之國，無書簡之文，以法為教；無先王之語，以吏為師；無私劍之捍，以斬首為勇。是境內之民，其言談者必軌於法，動作者歸之於功，為勇者盡之於軍。是故無事則國富，有事則兵強，此之謂王資。既畜

王資而承，敵國之釁，超五帝、侔齊三王者，必此法也。

　　今則不然，士民縱恣於內，言談者為勢於外，外內稱惡，以待強敵，不亦殆乎！故群臣之言外事者，非有分於從衡之黨，則有仇讎之忠，而借力於國也。從者，合眾弱以攻一強也；而衡者，事一強以攻眾弱也：皆非所以持國也。今人臣之言衡者，皆曰：「不事大，則遇敵受禍矣。」事大未必有實，則舉圖而委，效璽而請兵矣。獻圖則地削，效璽則名卑，地削則國削，名卑則政亂矣。事大為衡，未見其利也，而亡地亂政矣。人臣之言從者，皆曰：「不救小而伐大，則失天下，失天下則國危，國危而主卑。」救小未必有實，則起兵而敵大矣。救小未必能存，而伐，大未必不有疏，有疏則為強國制矣。出兵則軍敗，退守則城拔。救小為從，未見其利，而亡地敗軍矣。是故事強，則以外權士官，做官於內；救小，則以內重求利於外。國利未立，封土厚祿至矣。主上雖卑，人臣尊矣；國地雖削，私家富矣。事成，則以權長重；事敗，則以富退處。人主之聽說於其臣，事未成則爵祿已尊矣；事敗而弗誅，則遊說之士孰不為用繒繳之說而徼倖其後，故破國亡主以聽言談者之浮說。此其故何也？是人君不明乎公私之利，不察當否之言，而誅罰不必其後也。皆曰：「外事，大可以王，小可以安。」夫王者，能攻人者也；而安，則不可攻也。強，則能攻人者也；治，則不可攻也。治強不可責求於外，內政之有也。今不行法術於內，而事智於外，則不至於治強矣。

　　鄙諺曰：「長袖善舞，多錢善賈。」此言多資之易為工也。故治強易為謀，弱亂難為計。故用於秦者，十變而謀希失；用於燕者，一變而計希得。非用於秦者必智，用於燕者必愚也，蓋治亂之資異也。故周去秦為從，期年而舉；衛離魏為衡，半歲而亡。是周滅於從，衛亡于衡也。使周、衛緩其從衡之計，而嚴其境內之治，明其法禁，必其賞罰，盡其地力

以多其積，致其民死以堅其城守，天下得其地則其利少，攻其國則其傷大，萬乘之國莫敢自頓于堅城之下，而使強敵裁其弊也，此必不亡之術也。舍必不亡之術而道必滅之事，治國者之過也。智困於內而政亂於外，則亡不可振也。

民之政，皆就安利如與闢危窮。今為之攻戰，進則死於敵，退則死於誅，則危矣。棄私家之事而必汗馬之勞，家困而上弗論，則窮矣。窮、危之所在也，民安得勿避？故事私門而完解舍，解舍完則遠戰，遠戰則安。行貨賂而襲當塗者，則求得，求得則私安，私安則利之所在，安得勿就？是以公民少而私人眾矣。

夫明王治國之政，使其商工遊食之民少，而名卑以寡，趣本務而趨末作。今世近習之請行，則官爵可買；官爵可買，則商工不卑也矣。奸財、貨賈得用於市，則商人不少矣。聚斂倍農而致尊過耕戰之士，則耿介之士寡而商賈之民多矣。

是故亂國之俗：其學者，則稱先王之道，以籍仁義、盛容服而飾辯說，以疑當世之法，而貳人主之心。其言古者，為設詐稱，借於外力，以成其私，而遺社稷之利。其帶劍者，聚徒屬，立節操，以顯其名，而犯五官之禁。其患御者，積於私門，盡貨賂，而用重人之謁，退汗馬之勞。其商工之民，修治苦窳之器，聚弗靡之財，蓄積待時，而侔農夫之利。此五者，邦之蠹也。人主不除此五蠹之民，不養耿介之士，則海內雖有破亡之國，削滅之朝，亦勿怪矣。

戰國文籍中之篇式書體

一個短記

一

譬如說，「《管子》書是假的」，這句話和說「《管子》書是真的」同樣的有毛病。假如在後來歷史觀唸作者觀念大明之時，出了一部《管子》書；裡面並不顯然出來些管子的諡，桓公的諡，管子死後事，而題曰，「春秋時齊相潁川人管仲撰」，以問世，被人考核了一下子，原來是一部做了售世的書，這然後說，「這部書是假的」。若《管子》書中，引老子，引戰國末年事，稱桓公的諡法，稱管仲的死後事，本是齊人託管子之功名而著之書，只是當時的一種文體，他自己先不曾說是真的，戰國時也不會有題「齊相管仲撰」的事，又何勞我們答他曰「是假的」。

既有一個梁任公先生，硬說管子那個人做了《管子》那些書，便應該有人回答他說，管子不曾做了這些篇的一個字。說到這樣好到這樣。若進一步去說，管子書是假的，則先須假定戰國時人已有精嚴的著者觀念，先須假定戰國時這些篇出來的時候上邊寫著「齊桓公相管仲撰」。這樣假定當然是不可以的。

《管子》這部書現在所見的集合，乃是劉向的事，其中篇章是齊學之會集，書中直接稱道管仲的篇章，在戰國託於人而出來，也不過是自屍為管仲之學之後世，別人敘論他，也不過可說「慎輕重，貴權衡，因禍為福，古之道術有在於是者。齊人聞管仲之傳說而悅之，作為……」果然我們充管仲晏子是假書一類話，則《國語》、《論語》、《孟子》、《墨子》、《莊

子》等等無不是假書,因為《國語》當然不是孔子所稱之左丘明寫的,《論語》當然沒有一個字是孔子寫的,《孟子》書稱梁惠王襄王之諡當然也是他的弟子記的。《墨子》中最墨子者,也劈頭就說「子墨子言曰」,中間又說「是以子墨子言曰」。《莊子》更是漢規人所集合,魏晉人所編印的。

那麼,真書只剩了「呂覽」,還要減去月令了。若說這些書裡有些真話,真材料,則我們又焉能保管晏書中沒有一點真話,真材料,一初都是度的差別罷了。我們這樣 adabsurdum 一看,可以確知我們切不可以後來人著書之觀念論戰國文籍。總而言之:

(1) 戰國時「著作者」之觀念不明瞭。

(2) 戰國時記言書多不是說者自寫,所託只是有遠有近有切有不相干罷了。

(3) 戰國書除《呂覽》外,都只是些篇,沒有成部的書。戰國書之成部,是漢朝人集合的。

這層意思,我們反覆說來好像不厭其詳者,實因為瞭解戰國文籍之成書性,是分析戰國文籍的一個前提。

■ 二 記言—著論—成書

著述脫離了官書的地步,而成私人著作,我們現在可見之最早者,是《論語》。《論語》是記言的。《論語》的體裁現在看了未免奇怪,除很少的幾段記得較豐充以外,每一段話,只記幾句,前無因,後無果。在我們現在固已不知春秋末年情景,其不懂得,猶可說,乃漢儒對於《論語》上的話,也有好些像是不懂得何所為而發的樣子。且如「禮與其奢也寧儉,喪與其易也寧戚」一類的話,若不附帶著「本事」,不和「喪欲速貧,死欲速

145

朽」發生同樣的誤會嗎？（見《檀弓》）記言記到沒頭沒尾，不附帶口說便使人不懂得，而一經輾轉，便生誤會，決然不是一種妥當的記言法。

　　再試看《論語》中的言，每段常含蓄很多的意思，有時顯出語長而所記者短的樣子。且《論語》成書大約在曾子弟子時去孟子時已不遠，孟子便是那樣汪洋大論，雖說孟子是個「戰國辯士」，談言微中與信口開合者不同，然孔子也是靠說話而做東西南北之人者，若他說的話都像《論語》所記那樣子，恐怕他所專要見的公侯上大夫下大夫中，懂得他的真少啦！這樣看來，《論語》成書時代，文書之物質尚難得，一段話只能寫下個綱目，以備忘記，而詳細處則憑口說。到了戰國中年，文書的工具大便宜了，於是乎記長篇大論如《孟子》、《莊子》書那樣子的可能了遂由簡約的記言進而為鋪排的記言，更可成就設寓的記言。記言是戰國文體的初步。《論語》，《孟子》，《莊子》中若干部分，《晏子》，《管子》中若干部分，墨子書中的演說體，以及兼記事記言的《國語》都屬於這一類。

　　但一段思想不必有機會言之而出，而假設的記言有時不信人，有時又大費事，於是乎捨去記言之體而據題抒論。《史記・呂不韋列傳》，「是時諸侯多辯士，如荀卿之徒，著書布天下」。現在看荀卿的書，好些不是記言，而是據題為論者，這樣著篇，實是記言之一變，由對語（dialogue）進而為單語（monologue）這樣體裁，恐怕戰國中期才有。現存戰國末年書，如《商君書》，《荀子》，《韓非子》及《管子》之一部，大體上屬於這一類。這是戰國諸子文體演進之第二步。

　　著論雖已不是記言，但獨立的論，仍然只有篇的觀念，沒有書的觀念。戰國晚年五德六數之義盛行，人們著書當趨於系統化。慎到著十二論（見《史記》），這個數目是很整齊的，而又以齊物為首（見《莊子・天下篇》），或者這是做全部書的開始。但我們現在不見慎子全書，不能作決

定。而呂不韋之八覽六論十二紀二十餘萬言，乃成一部全始要終的書，不是些散篇了。八覽六論十二紀，六為秦之聖數，八則卦數，十二則記天之數，這三個數八、六、十二，也都是在當時有意義的整數。

這部呂氏真是中國第一部整書，以前只是些散篇而已。這個體裁雖始於戰國末，然這樣的系統著作尚非依傍大財力不可，故漢朝人之繼續者，始有劉安，在體裁上《淮南子》是「青出於藍而青於藍」的《呂氏春秋》。

太史公未必富，但有異常的精力，也許武帝時文書的物質更廉了，於是百三十篇又是一部要去貫天地人的通書。十表像天干，十二本紀像地支，書八章像八卦，三十世家取老子三十幅共一轂之語，七十列傳之數亦取一個豐長的整數。從此以後，系統的著書乃更多，《周禮》之成書，一往整齊，卜筮如《太玄》，續子長者如《漢書》，乃至字書之《說文解字》，都在那裡有始有終，託於系統哲學啦。

更把上文寫成一表如下：

記言之書 ── →成篇之書 ── →系統之書

（一）因受文書材料之限制但記一言之綱目者如《論語》

（二）豐長的記言如《孟子》

（三）託言如《莊子》

（四）故事之製作如《韓子說林》

由託言一變即成著論

由著論之相為終始即成一系之書

蘇格拉底有語無文，猶之孔子時。柏拉圖依師說散為無窮無盡之對語，對語亦記言。亞裡士多德乃真著書。在中國一二百年中之變遷，在希

臘則師生三代各代表之，這頗是一個文體進化的平行現象。

問曰：因文體之演進，文辭之內容會不會受影響的？答曰：這是不免的。文辭之由記言而著論，由著論而成書，是由自然的話語到了較不自然的斷飾辭句。說話固可以抽象，然總不能忘了聽的人之直接瞭解。說話固可以鋪排，然總不能忘了聽的人之捉摸得住。一經離了純粹記言的地位，文法可以代語法，泛詞可以代切詞。戰國子書中頗有不少白話，而《荀子》已是很簡約的文言，《呂氏春秋》已有些無話說話的油腔滑調，入漢而著作者，便都是文言了。（此處用文言，乃如所謂 kunstsprache，與古文不同。）

■ 附：《莊子・天下篇》

天下之治「方術」者多矣！皆以其「有為」不可加矣！古之所謂「道術」者果惡乎在？曰無乎不在。曰，神何由降？明何由出？聖有所生，王有所成，皆原於一。

不離於宗，謂之天人。不離於精，謂之神人。不離於真，謂之至人。以天為宗，以德為本，以道為門，兆於變化，謂之聖人。以仁為恩，以義為理，以禮為行，以樂為知，薰然慈仁，謂之君子。以法為分，以名為表，以參為驗，以稽為決，其數一二三四是也。百官以此相齒。

古之人其備乎！配神明，醇天地，育萬物，和天下，澤及百姓，明於本數，繫於末度，六通四辟，小大精粗，其運無乎不在。其在於《詩》、《書》、《禮》、《樂》者：鄒魯之士，縉紳先生多能明之。——《詩》以道志；《書》以道事；《禮》以道行；《樂》以道和；《易》以道陰陽；《春秋》以道名分。其數散於天下而設於中國者：百家之學，時或稱而道之。

天下大亂，賢聖不明；道德不一，天下多得一察焉以自好。譬如耳目鼻口皆有所明不能相通；猶有家眾技也皆有所長時有所用。雖然，不該不遍，一曲之士也。判天地之美，析萬物之理，察古人之全，寡能備於天地之美，稱神明之容。是故內聖外王之道，暗而不明，鬱而不發；天下之人各為其所欲焉以自為方。悲夫！百家往而不反，必不合矣。後世之學者，不幸不見天地之純，古人之大體，道術將為天下裂。

不侈於後世，不靡於萬物，不暉於數度；以繩墨自矯而備世之急，古之道術有在於是者。墨翟、禽滑釐聞其風而說之，為之大過，已之大順。作為「非樂」，命之曰「節用」。生不歌；死無服。墨子泛愛；兼利；而非鬥，其道不怒；又好學而博，不異。不與先王同，毀古之禮樂；黃帝有咸池，堯有大章，舜有大韶，禹有大夏，湯有大護，文王有辟雍之樂，武王周公作武；古之喪禮，貴賤有儀，上下有等天子棺槨七重，諸侯五重，大夫三重，士再重。今墨子獨生不歌，死不服，桐棺三寸而無槨，以為法式。以此教人，恐不愛人；以此自行，固不愛己。

未敗墨子道；雖然，歌而非歌，哭而非哭，樂而非樂，是果類乎？其生也勤其死也薄，其道大觳。使人憂，使人悲，其行難為也；恐其不可以為聖人之道。反天下之心，天下不堪。墨子雖獨能任，奈天下何？離於天下，其去王也遠矣！

墨子稱道曰：「昔者禹之湮洪水決江河而通四夷九州也，名山三百，支川三千，小者無數。」禹親自操槖耜而九雜天下之川；腓無胈，脛無毛；沐甚雨，櫛疾風；置萬國。禹，大聖也，而形勞天下也如此！使後世之墨者，多以裘褐為衣，以跂蹻為服，日夜不休，以自苦為極，曰：「不能如此，非禹之道也，不足為墨。」

　　相里勤之弟子五侯之徒；南方之墨者苦獲，已齒；鄧陵子之屬：俱誦《墨經》。而倍譎不同，相謂別墨；以堅白同異之辯相訾，以堅偶不仵之辭相應。以鉅子為聖人，皆願為之屍，冀得為其後世；至今不決。

　　墨翟、禽滑釐之意則是，其行則非也；將使後世之墨者必自苦以「腓無胈脛無毛」相進而已矣！亂之上也，治之下也。雖然，子真天下之好也！將求之不得也，雖枯槁不捨也。才士也夫！

　　不累於俗不飾於物；不苟於人，不忮於眾；願天下之安寧以活民命；人我之養畢足而止；以此白心：古之道術有在於是者。宋鈃、尹文聞其風而悅之，作為華山之冠以自表。接萬物以別宥為始；語「心之容」，命之曰「心之行」。以聏合歡，以調海內，請欲置之以為主。見侮不辱，救民之鬥，禁攻寢兵，救世之戰。以此周行天下，上說下教，雖天下不取，強聒而不捨者也，故曰「上下見厭而強見也。」

　　雖然，其為人太多，其自為太少，曰：「請欲固置五升之飯足矣。」先生恐不得飽，弟子雖飢，不忘天下，日夜不休，曰：「我必得活哉！」圖傲乎救世之士哉！曰：「君子不為苛察，不以身假物。」以為無益於天下者，明之不如已也。以禁攻寢兵為外，以情慾寡淺為內。其小大精粗其行，適至是而止。

　　公而不當，易而無私；決然無主，趣物而不兩；不顧於慮，不謀於知；於物無擇，與之俱往：古之道術有在於是者。彭蒙、田駢、慎到聞其風而悅之，齊萬物以為首──曰：「天能覆之而不能載之；地能載之而不能覆之；大道能包之而不能辯之；知萬物皆有所可，有所不可。」

　　是故慎到棄知去己；而緣不得巳，泠汰於物，以為道理。曰：「知不知，將薄知；而後鄰傷之者也。」謑髁無任，而笑天下之尚賢也；縱脫無行，

而非天下之大聖。椎拍輐斷，與物宛轉；舍是與非，敬可以免。不師知慮，不知前後，魏然而已矣。推而後行，曳而後往。若飄風之還；若羽之旋；若磨石之隧；全而無非。動靜無過，未嘗有罪。是何故？夫無知之物，無建己之患，無用知之累，動靜不離於理；是以終身無譽。故曰：「至於若無知之物而已，無用賢聖。夫塊不失道。」豪桀相與笑之，曰：「慎到之道，非生人之行，而至死人之理，適得怪焉。」

田駢亦然，學於彭蒙，得「不教」焉。彭蒙之師曰：「古之道人，至於莫之是莫之非而已矣。」其風窢然，惡可而言？常反人，不見觀，而不免於魭斷。其所謂道非道，而所言之韙不免於非；彭蒙田駢慎到不知道。雖然，概乎皆嘗有聞者也。

以本為精，以物為粗；以有積為不足；澹然獨與神明居，古之道術有在於是者。關尹、老聃聞其風而悅之，建之以「常無」，有主之以「太一」。以濡弱謙下為表；以空虛不毀萬物為實。關尹曰：「在己無居形物自著。其動若水，其靜若鏡，其應若響，芴乎若亡，寂乎若清。同焉者和，得焉者失。」未嘗先人而常隨人。老聃曰：「知其雄，守其雌，為天下谿。知其白，守其辱，為天下谷。」人皆取先，己獨取後。曰：「受天下之垢。」人皆取實，己獨取虛。「無藏也，故有餘。」歸然而有餘，其行身也徐而不費。」「無為也而笑巧。」人皆求福，己獨曲全。曰「苟免於咎」。以深為根，以約為紀。曰：「堅則毀矣，銳則挫矣。」常寬容於物，不削於人。可謂至極，關尹、老聃乎，古之博大真人哉！

芴漠無形，變化無常。死與生與？天地並與？神明往與？芒乎何之？忽乎何適？萬物畢羅，莫足以歸：古之道術有在於是者。莊周聞其風而悅之，以謬悠之說，荒唐之言，無端崖之辭，時恣縱；而不儻不以觭見之也。以天下為沉濁，不可與莊語：—— 以卮言為曼衍；以重言為真；以寓

言為廣。獨與天地精神往來，而不敖倪於萬物；不譴是非，以與世俗處。其書雖瑰瑋，而連犿無傷也；雖辭雖參差，而詭可觀。彼其充實不可以已；上與造物者遊，而下與外死生無終始者為友。其於本也，宏大而闢，深閎而肆；其於宗也，可謂稠適而上遂矣。雖然，其應於化而解於物也，其理不竭，其來不蛻；芒乎昧乎，未之盡者！

惠施多方；其書五車；其道舛駁；其言也不中。厤物之意曰：「至大無外，謂之大一；至小無內，謂之小一。」無厚不可積也，其大千裡。天與地卑；山與澤平。日，方中方睨。物，方生方死。大同而與小同異之，此謂小同異。萬物畢同畢異，此之謂大同異。南方無窮而有窮。今日適越而昔來。連環可解也。我知天下之中央，燕之北，越之南，是也。泛愛萬物，天地一體也。惠施以此為大，觀於天下而曉辯者；天下之辯者相與樂之。卵有毛。雞三足。郢有天下。犬可以為羊。馬有卵。丁子有尾。火不熱。山出口。輪不蹍地。目不見。指不至。至不絕。龜長於蛇。矩不方。規不可以為圓。鑿不圍枘。飛鳥之景未嘗動也。鏃矢之疾，而有不行不止之時。狗非犬。黃馬驪牛三。白狗黑。孤駒未嘗有母。一尺之捶，日取其半，萬世不竭。辯者以此與惠施相應，終身無窮。

桓團、公孫龍、辯者之徒；飾人之心，易人之意。能勝人之口，不能服人之心，辯者之囿也。

惠施日以其知與人之辯，特與天下之辯者為怪，此其柢也。然惠施之口談，自以為最賢；曰：「天地其壯乎！」施存雄而無術。南方有倚人焉曰黃繚，問天地所以不墜不陷風雨雷霆之故。惠施不辭而應，不慮而對，遍為萬物說。說而不休，多而無已；猶以為寡，益之以怪。以反人為實，而欲以勝人為名，是以與眾不適也。弱於德，強於物，其塗隩矣！由天地之道，觀惠施之能，其猶一蚉一？之勞者也。其於物也何庸？夫充一尚可曰

愈；貴道幾矣。惠施不能以此自寧，散於萬物而不厭，卒以善辯為名。惜乎惠施之才，殆蕩而不得，逐萬物而不反；是窮響以聲，形與影競走也。悲夫！

預述周漢子家銜接之義

周漢諸子是一氣，不能以秦為斷，是一件再明顯沒有的事實。蓋入秦而實行的政策如焚書，入漢而盛行的風氣，如齊學之陰陽五行，如老子學，如黃帝各論，如神仙，如諸子的淆雜，無不在戰國晚年看到一個端緒。而戰國各種風氣到了漢朝，差不多還都有後世，如儒墨，如名法，如辯士之好尚，乃至縱橫，應該是隨分裂之歇息而止的了，卻反不然，直到武帝朝主父偃尚為縱橫長短之術。

蓋諸子學風氣之轉移在漢武帝時，武帝前雖漢家天下已七八十年，仍是由戰國風流而漸變，武帝以後，乃純入一新局面。果然以秦為斷，在諸子學，在文籍學，乃至在文詞學，都講不通的。不過做文學史的講義時，不能不遷就時代，所以此論以戰國為限者，只為編書之方便，並非史實之真相。

附記：此篇必須與下篇「戰國諸子文籍分析」參看，方得持論之義。

下篇
史家絕唱，博古通今

《史記》研究參考品類

《史記》一部書之值得研究處，大致可分為四個意義。

第一，《史記》是讀古書治古學的門徑，我們讀漢武帝以前之遺文，沒有一書不用把他來作參考。他自己既是一部金聲玉振的集大成書，又是一部很有別擇力的書，更是一部能夠多見闕疑，並存異說的書，且是漢武帝時代的一部書，還沒有被著後來治古文學者一套的「響壁虛造」之空氣，雖然為劉子駿等改了又改，確已引行了很多「響壁虛造」去，究竟因矛盾可見其增改，又已早為劉申受等所識破。在恰好的時代，以壯大的才力，寫了這一部集合他當年所及見一切書的書，在現在竟作了我們治古學之入門了。

第二，《史記》研究可以為治古書之訓練，將《史記》和經傳子籍參校，可以做出許多有意義的工夫。且《史記》一書為後人補了又補，改了又改，因此出了許多考證學的問題，拿來試作若干，引人深思遠想。

第三，太史公既有大綜合力，以整齊異說，又有獨到的創見，文詞星曆，綜於一人，八書貨殖諸傳之作，竟合近代史體，非希臘羅馬史學家所能比擬，所以在史學上建樹一個不朽的華表，在文詞上留給後人一個偉壯的製作，為《史記》研究史記，也真值得。

第四，史記作於漢武時，記事迄於天漢（考詳後）。武帝時代正是中國文化史政治史上一個極重要的時代，有他這一部書，為當年若干事作含譏帶諷的證據，我們借得不少知識。

然而《史記》不是容易研究的書，所有困難，大概可以別為三類：

第一，太史公書百三十篇，當他生時本未必已寫定本，「既死後，

其書稍出，宣帝時，遷外孫平通侯楊惲祖述其書，遂宣布焉」，而惲又遭戮，同產棄市。其後褚少孫等若干人補之，劉歆等若干人改之，楊終等刪之，至於唐時，已經無數轉改，現在竟成古籍中最紊亂者。

第二，太史公所據之書，現在無不成問題者，《世本》已佚，《戰國策》是否原本，吳摯甫對之成一有價值之設論，《尚書》則今文各篇，現在惟憑附偽孔傳而行，而《左氏春秋》尤成莫大之糾紛，今只有互校互訂，以長時間，略尋出若干端緒。

第三，《史記》一書之整理，需用若干專門知識，如語言學天文學等，必取資以考春秋左氏者，亦即是《史記》一書之問題，不僅辨章史事，考訂章句而已。雖然工作之趣，在與困難奮鬥時，不在怡然理順之後，《史記》研究既有此價值，則冒此困難，畢竟值得。

如果想以一人之力，成《史記》之考訂，是辦不到的。幸而近代二百年中，學者對於《史記》中大節細事，解決不少，提議的問題尤多，如能集合之加以整理，益以新觀點，所得已經不少。又八書中若干事，及匈奴大宛諸傳之考實，巴黎沙萬君於翻譯時增甚多考釋，極為有價值，而今古學之爭，自劉逢祿至崔適，雖不免合著甚多「非嘗異義，可怪之論」，究竟已經尋出好多東西來，這都是我們的憑藉，且他地尚有若干學者，我們可以通函詢問。

我們第一步自然是把史記從頭到尾細讀一遍，這是我們設這一課的第一個目的。第二步是找出若干問題，大家分別研究去。第三步，如果大家長期努力，或將《史記》一書中若干頭緒，整理出不少來，共同寫成一書，也是一番事業。

157

司馬子長生世第一

《史記·太史公自序》因每人須備《史記》一部，故不抄錄。

《漢書·司馬遷傳》僅錄班氏抄完自序以後之文。

《魏志·王肅傳》錄一段

王國維：《太史公行年考》按自乾嘉時，孔氏莊氏以來之今文說，王氏俱不採。此等今文說誠有極可笑者，然亦有不可易者。王君既挾此成見，則論《史記》宜有所蔽，如「從孔安國問故」，「十歲讀古文」等，為之空證紛紜矣。

■ 附：《太史公自序》

昔在顓頊，命南正重以司天，北正黎以司地。唐虞之際，紹重黎之後，使復典之，至於夏商，故重黎氏世序天地。其在周，程伯休甫其後也。當周宣王時，失其守而為司馬氏。司馬氏世典周史。惠襄之間，司馬氏去周適晉。晉中軍隨會奔秦，而司馬氏入少梁。

自司馬氏去周適晉，分散，或在衛，或在趙，或在秦。其在衛者，相中山。在趙者，以傳劍論顯，蒯聵其後也。在秦者名錯，與張儀爭論，於是惠王使錯將伐蜀，遂拔，因而守之。錯孫靳，事武安君白起。而少梁更名曰夏陽。靳與武安君坑趙長平軍，還而與之俱賜死杜郵，葬於華池。靳孫昌，昌為秦主鐵官，當始皇之時。蒯聵玄孫卬為武信君將而徇朝歌。諸侯之相王，王卬於殷。漢之伐楚，卬歸漢，以其地為河內郡。昌生無澤，無澤為漢市長。無澤生喜，喜為五大夫，卒，皆葬高門。喜生談，談為太史公。

太史公學天官於唐都，受易於楊何，習道論於黃子。太史公仕於建元

元封之間，愍學者之不達其意而師悖，乃論六家之要指曰：

易大傳：「天下一致而百慮，同歸而殊塗。」夫陰陽、儒、墨、名、法、道德，此務為治者也，直所從言之異路，有省不省耳。嘗竊觀陰陽之術，大祥而眾忌諱，使人拘而多所畏；然其序四時之大順，不可失也。儒者博而寡要，勞而少功，是以其事難盡從；然其序君臣父子之禮，列夫婦長幼之別，不可易也。墨者儉而難遵，是以其事不可遍循；然其強本節用，不可廢也。法家嚴而少恩；然其正君臣上下之分，不可改矣。

名家使人儉而善失真；然其正名實，不可不察也。道家使人精神專一，動合無形，贍足萬物。其為術也，因陰陽之大順，採儒墨之善，撮名法之要，與時遷移，應物變化，立俗施事，無所不宜，指約而易操，事少而功多。儒者則不然。以為人主天下之儀表也，主倡而臣和，主先而臣隨。如此則主勞而臣逸。至於大道之要，去健羨，絀聰明，釋此而任術。夫神大用則竭，形大勞則敝。形神騷動，欲與天地長久，非所聞也。

夫陰陽四時、八位、十二度、二十四節各有教令，順之者昌，逆之者不死則亡，未必然也，故曰「使人拘而多畏」。夫春生夏長，秋收冬藏，此天道之大經也，弗順則無以為天下綱紀，故曰「四時之大順，不可失也」。

夫儒者以六藝為法。六藝經傳以千萬數，累世不能通其學，當年不能究其禮，故曰「博而寡要，勞而少功」。若夫列君臣父子之禮，序夫婦長幼之別，雖百家弗能易也。

墨者亦尚堯舜道，言其德行曰：「堂高三尺，土階三等，茅茨不翦，採椽不刮。食土簋，啜土刑，糲粱之食，藜霍之羹。夏日葛衣，冬日鹿裘。」其送死，桐棺三寸，舉音不盡其哀。教喪禮，必以此為萬民之率。

使天下法若此，則尊卑無別也。夫世異時移，事業不必同，故日「儉而難遵」。要日強本節用，則人給家足之道也。此墨子之所長，雖百長弗能廢也。

法家不別親疏，不殊貴賤，一斷於法，則親親尊尊之恩絕矣。可以行一時之計，而不可長用也，故日「嚴而少恩」。若尊主卑臣，明分職不得相逾越，雖百家弗能改也。

名家苛察繳繞，使人不得反其意，專決於名而失人情，故日「使人儉而善失真」。若夫控名責實，參伍不失，此不可不察也。

道家無為，又日無不為，其實易行，其辭難知。其術以虛無為本，以因循為用。無成勢，無常形，故能究萬物之情。不為物先，不為物後，故能為萬物主。有法無法，因時為業；有度無度，因物與合。故日「聖人不朽，時變是守。虛者道之常也，因者君之綱」也。群臣並至，使各自明也。其實中其聲者謂之端，實不中其聲者謂之窾。窾言不聽，奸乃不生，賢不肖自分，白黑乃形。在所欲用耳，何事不成。乃合大道，混混冥冥。光耀天下，復反無名。凡人所生者神也，所託者形也。神大用則竭，形大勞則敝，形神離則死。死者不可復生，離者不可復反，故聖人重之。由是觀之，神者生之本也，形者生之具也。不先定其神，而日「我有以治天下」，何由哉？

太史公既掌天官，不治民。有子日遷。

遷生龍門，耕牧河山之陽。年十歲則誦古文。二十而南遊江、淮，上會稽，探禹穴，九疑，浮於沅、湘；北涉汶、泗，講業齊、魯之都，觀孔子之遺風，鄉射鄒、嶧；戹困鄱、薛、彭城，過梁、楚以歸。於是遷仕為郎中，奉使西征巴、蜀以南，南略邛、筰、昆明，還報命。

　　是歲天子始建漢家之封，而太史公留滯周南，不得與從事，故發憤且卒。而子遷適使反，見父於河洛之間。太史公執遷手而泣曰：「餘先周室之太史也。自上世嘗顯功名於虞夏，典天官事。後世中衰，絕於予乎？汝復為太史，則續吾祖矣。今天子接千歲之統，封泰山，而餘不得從行，是命也夫，命也夫！餘死，汝必為太史；為太史，無忘吾所欲論著矣。且夫孝始於事親，中於事君，終於立身。揚名於後世，以顯父母，此孝之大者。夫天下稱誦周公，言其能論歌文武之德，宣周邵之風，達太王王季之思慮，爰及公劉，以尊后稷也。幽厲之後，王道缺，禮樂衰，孔子修舊起廢，論詩書，作春秋，則學者至今則之。自獲麟以來四百有餘歲，而諸侯相兼，史記放絕。今漢興，海內一統，明主賢君忠臣死義之士，餘為太史而弗論載，廢天下之史文，餘甚懼焉，汝其念哉！」遷俯首流涕曰：「小子不敏，請悉論先人所次舊聞，弗敢闕。」

　　卒三歲而遷為太史令，史記石室金匱之書。五年而當太初元年，十一月甲子朔旦冬至，天曆始改，建於明堂，諸神受紀。

　　太史公曰：「先人有言：『自周公卒五百歲而有孔子。孔子卒後至於今五百歲，有能紹明世，正易傳，繼春秋，本詩書禮樂之際？』意在斯乎！意在斯乎！小子何敢讓焉。」

　　上大夫壺遂曰：「昔孔子何為而作春秋哉？」太史公曰：「餘聞董生曰：『周道衰廢，孔子為魯司寇，諸侯害之，大夫壅之。孔子知言之不用，道之不行也，是非二百四十二年之中，以為天下儀表，貶天子，退諸侯，討大夫，以達王事而已矣。』子曰：『我欲載之空言，不如見之於行事之深切著明也。』夫春秋，上明三王之道，下辨人事之紀，別嫌疑，明是非，定猶豫，善善惡惡，賢賢賤不肖，存亡國，繼絕世，補敝起廢，王道之大者也。

　　易著天地陰陽四時五行，故長於變；禮經紀人倫，故長於行；書記先王之事，故長於政；詩記山川溪谷禽獸草木牝牡雌雄，故長於風；樂樂所以立，故長於和；春秋辯是非，故長於治人。是故禮以節人，樂以發和，書以道事，詩以達意，易以道化，春秋以道義。撥亂世反之正，莫近於春秋。春秋文成數萬，其指數千。萬物之散聚皆在春秋。

　　春秋之中，弒君三十六，亡國五十二，諸侯奔走不得保其社稷者不可勝數。察其所以，皆失其本已。故易曰『失之毫釐，差以千里』。故曰『臣弒君，子弒父，非一旦一夕之故也，其漸久矣』。故有國者不可以不知春秋，前有讒而弗見，後有賊而不知。為人臣者不可以不知春秋，守經事而不知其宜，遭變事而不知其權。為人君父而不通於春秋之義者，必蒙首惡之名。為人臣子而不通於春秋之義者，必陷篡弒之誅，死罪之名。其實皆以為善，為之不知其義，被之空言而不敢辭。夫不通禮義之旨，至於君不君，臣不臣，父不父，子不子。夫君不君則犯，臣不臣則誅，父不父則無道，子不子則不孝。此四行者，天下之大過也。以天下之大過予之，則受而弗敢辭。故春秋者，禮義之大宗也。夫禮禁未然之前，法施已然之後；法之所為用者易見，而禮之所為禁者難知。」

　　壺遂曰：「孔子之時，上無明君，下不得任用，故作春秋，垂空文以斷禮義，當一王之法。今夫子上遇明天子，下得守職，萬事既具，咸各序其宜，夫子所論，欲以何明？」

　　太史公曰：「唯唯，否否，不然。餘聞之先人曰：『伏羲至純厚，作易八卦。堯舜之盛，尚書載之，禮樂作焉。湯武之隆，詩人歌之。春秋採善貶惡，推三代之德，褒周室，非獨刺譏而已也。』漢興以來，至明天子，獲符瑞，封禪，改正朔，易服色，受命於穆清，澤流罔極，海外殊俗，重譯款塞，請來獻見者，不可勝道。臣下百官力誦聖德，猶不能宣盡其意。

且士賢能而不用，有國者之恥；主上明聖而德不布聞，有司之過也。且餘嘗掌其官，廢明聖盛德不載，滅功臣世家賢大夫之業不述，墮先人所言，罪莫大焉。餘所謂述故事，整齊其世傳，非所謂作也，而君比之於春秋，謬矣。」

於是論次其文。七年而太史公遭李陵之禍，幽於縲紲。乃喟然而嘆曰：「是餘之罪也夫！是餘之罪也夫！身毀不用矣。」退而深惟曰：「夫詩書隱約者，欲遂其志之思也。昔西伯拘羑里，演周易；孔子厄陳蔡，作春秋；屈原放逐，著離騷；左丘失明，厥有國語；孫子臏腳，而論兵法；不韋遷蜀，世傳呂覽；韓非囚秦，說難、孤憤；詩三百篇，大抵賢聖發憤之所為作也。此人皆意有所鬱結，不得通其道也，故述往事，思來者。」於是卒述陶唐以來，至於麟止，自黃帝始。

維昔黃帝，法天則地，四聖遵序，各成法度；唐堯遜位，虞舜不臺；厥美帝功，萬世載之。作五帝本紀第一。

維禹之功，九州攸同，光唐虞際，德流苗裔；夏桀淫驕，乃放鳴條。作夏本紀第二。

維契作商，爰及成湯；太甲居桐，德盛阿衡；武丁得說，乃稱高宗；帝辛湛湎，諸侯不享。作殷本紀第三。

維棄作稷，德盛西伯；武王牧野，實撫天下；幽厲昏亂，既喪酆鎬；陵遲至赧；洛邑不祀。作周本紀第四。

維秦之先，伯翳佐禹；穆公思義，悼豪之旅；以人為殉，詩歌黃鳥；昭襄業帝。作秦本紀第五。

始皇既立，併兼六國，銷鋒鑄，維偃干革，尊號稱帝，矜武任力；二世受運，子嬰降虜。作始皇本紀第六。

秦失其道，豪桀並擾；項梁業之，子羽接之；殺慶救趙，諸侯立之；誅嬰背懷，天下非之。作項羽本紀第七。

子羽暴虐，漢行功德；憤發蜀漢，還定三秦；誅籍業帝，天下惟寧，改制易俗。作高祖本紀第八。

惠之早，諸呂不臺；崇強祿、產，諸侯謀之；殺隱幽友，大臣洞疑，遂及宗禍。作呂太后本紀第九。

漢既初興，繼嗣不明，迎王踐祚，天下歸心；蠲除肉刑，開通關梁，廣恩博施，厥稱太宗。作孝文字紀第十。

諸侯驕恣，吳首為亂，京師行誅，七國伏辜，天下翕然，大安殷富。作孝景本紀第十一。

漢興五世，隆在建元，外攘夷狄，內修法度，封禪，改正朔，易服色。作今上本紀第十二。

維三代尚矣，年紀不可考，蓋取之譜牒舊聞，本於茲，於是略推，作三代世表第一。

幽厲之後，周室衰微，諸侯專政，春秋有所不紀；而譜牒經略，五霸更盛衰，欲睹周世相先後之意，作十二諸侯年表第二。

春秋之後，陪臣秉政，強國相王；以至於秦，卒並諸夏，滅封地，擅其號。作六國年表第三。

秦既暴虐，楚人發難，項氏遂亂，漢乃扶義征伐；八年之間，天下三嬗，事繁變眾，故詳著秦楚之際月表第四。

漢興已來，至於太初百年，諸侯廢立分削，譜紀不明，有司靡踵，強弱之原云以世。作漢興已來諸侯年表第五。

維高祖元功，輔臣股肱，剖符而爵，澤流苗裔，忘其昭穆，或殺身隕國。作高祖功臣侯者年表第六。

惠景之間，維申功臣宗屬爵邑，作惠景間侯者年表第七。

北討強胡，南誅勁越，征伐夷蠻，武功爰列。作建元以來侯者年表第八。

諸侯既強，七國為從，子弟眾多，無爵封邑，推恩行義，其勢銷弱，德歸京師。作王子侯者年表第九。

國有賢相良將，民之師表也。維見漢興以來將相名臣年表，賢者記其治，不賢者彰其事。作漢興以來將相名臣年表第十。

維三代之禮，所損益各殊務，然要以近性情，通王道，故禮因人質為之節文，略協古今之變。作禮書第一。

樂者，所以移風易俗也。自雅頌聲興，則已好鄭衛之音，鄭衛之音所從來久矣。人情之所感，遠俗則懷。比樂書以述來古，作樂書第二。

非兵不強，非德不昌，黃帝、湯、武以興，桀、紂、二世以崩，可不慎歟？司馬法所從來尚矣，太公、孫、吳、王子能紹而明之，切近世，極人變。作律書第三。

律居陰而治陽，歷居陽而治陰，律歷更相治，間不容翲忽。五家之文怫異，維太初之元論。作曆書第四。

星氣之書，多雜祥，不經；推其文，考其應，不殊。比集論其行事，驗於軌度以次，作天官書第五。

受命而王，封禪之符罕用，用則萬靈罔不禋祀。追本諸神名山大川禮，作封禪書第六。

維禹浚川，九州攸寧；爰及宣防，決瀆通溝。作河渠書第七。

維幣之行，以通農商；其極則玩巧，併兼茲殖，爭於機利，去本趨末。作平準書以觀事變，第八。

太伯避歷，江蠻是適；文武攸興，古公王跡。闔廬弒僚，賓服荊楚；夫差克齊，子胥鴟夷；信嚭親越，吳國既滅。嘉伯之讓，作吳世家第一。

申、呂肖矣，尚父側微，卒歸西伯，文武是師；功冠群公，繆權於幽；番番黃髮，爰饗營丘。不背柯盟，桓公以昌，九合諸侯，霸功顯彰。田闞爭寵，姜姓解亡。嘉父之謀，作齊太公世家第二。

依之違之，周公綏之；憤發文德，天下和之；輔翼成王，諸侯宗周。隱桓之際，是獨何哉？三桓爭強，魯乃不昌。嘉旦金縢，作周公世家第三。

武王克紂，天下未協而崩。成王既幼，管蔡疑之，淮夷叛之，於是召公率德，安集王室，以寧東土。燕之禪，乃成禍亂。嘉甘棠之詩，作燕世家第四。

管蔡相武庚，將寧舊商；及旦攝政，二叔不饗；殺鮮放度，周公為盟；大任十子，周以宗強。嘉仲悔過，作管蔡世家第五。

王后不絕，舜禹是說；維德休明，苗裔蒙烈。百世享祀，爰周陳杞，楚實滅之。齊田既起，舜何人哉？作陳杞世家第六。

收殷餘民，叔封始邑，申以商亂，酒材是告，及朔之生，衛頃不寧；南子惡蒯聵，子父易名。周德卑微，戰國既強，衛以小弱，角獨後亡。喜彼康誥，作衛世家第七。

嗟箕子乎！嗟箕子乎！正言不用，乃反為奴。武庚既死，周封微子。襄公傷於泓，君子孰稱。景公謙德，熒惑退行。剔成暴虐，宋乃滅亡。喜

微子問太師，作宋世家第八。

武王既崩，叔虞邑唐。君子譏名，卒滅武公。驪姬之愛，亂者五世；重耳不得意，乃能成霸。六卿專權，晉國以秏。嘉文公錫圭鬯，作晉世家第九。

重黎業之，吳回接之；殷之季世，粥子牒之。周用熊繹，熊渠是續。莊王之賢，乃復國陳；既赦鄭伯，班師華元。懷王客死，蘭咎屈原；好諛信讒，楚並於秦。嘉莊王之義，作楚世家第十。

少康之子，實賓南海，文身斷髮，黿鱓與處，既守封禺，奉禹之祀。句踐困彼，乃用種、蠡。嘉句踐夷蠻能修其德，滅強吳以尊周室，作越王句踐世家第十一。桓公之東，太史是庸。及侵周禾，王人是議。祭仲要盟，鄭久不昌。子產之仁，紹世稱賢。三晉侵伐，鄭納於韓。嘉厲公納惠王，作鄭世家第十二。

維驥耳，乃章造父。趙夙事獻，衰續厥緒。佐文尊王，卒為晉輔。襄子困辱，乃禽智伯。主父生縛，餓死探爵。王遷辟淫，良將是斥。嘉鞅討周亂，作趙世家第十三。

畢萬爵魏，卜人知之。及絳戮干，戎翟和之。文侯慕義，子夏師之。惠王自矜，齊秦攻之。既疑信陵，諸侯罷之。卒亡大梁，王假廁之。嘉武佐晉文申霸道，作魏世家第十四。

韓厥陰德，趙武攸興。紹絕立廢，晉人宗之。昭侯顯列，申子庸之。疑非不信，秦人襲之。嘉厥輔晉匡周天子之賦，作韓世家第十五。

完子避難，適齊為援，陰施五世，齊人歌之。成子得政，田和為侯。王建動心，乃遷於共。嘉威、宣能撥濁世而獨宗周，作田敬仲完世家第十六。

　　周室既衰，諸侯恣行。仲尼悼禮廢樂崩，追修經術，以達王道，匡亂世反之於正，見其文辭，為天下制儀法，垂六藝之統紀於後世。作孔子世家第十七。

　　桀、紂失其道而湯、武作，周失其道而春秋作。秦失其政，而陳涉發跡，諸侯作難，風起雲蒸，卒亡秦族。天下之端，自涉發難。作陳涉世家第十八。

　　成皋之臺，薄氏始基。詘意適代，厥崇諸竇。慄姬貴，王氏乃遂。陳後太驕，卒尊子夫。嘉夫德若斯，作外戚世家十九。

　　漢既譎謀，禽信於陳；越荊剽輕，乃封弟交為楚王，爰都彭城，以強淮泗，為漢宗藩。戊溺於邪，禮復紹之。嘉遊輔祖，作楚元王世家二十。

　　維祖師旅，劉賈是與；為布所襲，喪其荊、吳。營陵激呂，乃王琅邪；怵午信齊，往而不歸，遂西入關，遭立孝文，獲復王燕。天下未集，賈、澤以族，為漢藩輔。作荊燕世家第二十一。

　　天下已平，親屬既寡；悼惠先壯，實鎮東土。哀王擅興，發怒諸呂，駟鈞暴戾，京師弗許。厲之內淫，禍成主父。嘉肥股肱，作齊悼惠王世家第二十二。

　　楚人圍我滎陽，相守三年；蕭何填撫山西，推計踵兵，給糧食不絕，使百姓愛漢，不樂為楚。作蕭相國世家第二十三。

　　與信定魏，破趙拔齊，遂弱楚人。續何相國，不變不革，黎庶攸寧。嘉參不伐功矜能，作曹相國世家第二十四。

　　運籌帷幄之中，制勝於無形，子房計謀其事，無知名，無勇功，圖難於易，為大於細。作留侯世家第二十五。

　　六奇既用，諸侯賓從於漢；呂氏之事，平為本謀，終安宗廟，定社

稷。作陳丞相世家第二十六。

諸呂為從，謀弱京師，而勃反經合於權；吳楚之兵，亞夫駐於昌邑，以厄齊趙，而出委以梁。作絳侯世家第二十七。

七國叛逆，蕃屏京師，唯梁為捍；偵愛矜功，幾獲於禍。嘉其能距吳楚，作梁孝王世家第二十八。

五宗既王，親屬洽和，諸侯大小為藩，爰得其宜，僭擬之事稍衰貶矣。作五宗世家第二十九。

三子之王，文辭可觀。作三王世家第三十。

末世爭利，維彼奔義；讓國餓死，天下稱之。作伯夷列傳第一。

晏子儉矣，夷吾則奢；齊桓以霸，景公以治。作管晏列傳第二。

李耳無為自化，清淨自正；韓非揣事情，循勢理。作老子韓非列傳第三。

自古王者而有司馬法，穰苴能申明之。作司馬穰苴列傳第四。

非信廉仁勇不能傳兵論劍，與道同符，內可以治身，外可以應變，君子比德焉。作孫子吳起列傳第五。

維建遇讒，爰及子奢，尚既匡父，伍員奔吳。作伍子胥列傳第六。

孔氏述文，弟子興業，咸為師傅，崇仁厲義。作仲尼弟子列傳第七。

鞅去衛適秦，能明其術，強霸孝公，後世遵其法。作商君列傳第八。

天下患衡秦毋饜，而蘇子能存諸侯，約從以抑貪強。作蘇秦列傳第九。

六國既從親，而張儀能明其說，復散解諸侯。作張儀列傳第十。

秦所以東攘雄諸侯，樗裡、甘茂之策。作樗裡甘茂列傳第十一。

苞河山，圍大梁，使諸侯斂手而事秦者，魏冄之功。作穰侯列傳第十二。

南拔鄢郢，北摧長平，遂圍邯鄲，武安為率；破荊滅趙，王翦之計。作白起王翦列傳第十三。

獵儒墨之遺文，明禮義之統紀，絕惠王利端，列往世興衰。作孟子荀卿列傳第十四。

好客喜士，士歸於薛，為齊捍楚魏。作孟嘗君列傳第十五。

爭馮亭以權，如楚以救邯鄲之圍，使其君複稱於諸侯。作平原君虞卿列傳第十六。

能以富貴下貧賤，賢能詘於不肖，唯信陵君為能行之。作魏公子列傳第十七。

以身徇君，遂脫強秦，使馳說之士南鄉走楚者，黃歇之義。作春申君列傳第十八

能忍詬於魏齊，而信威於強秦，推賢讓位，二子有之。作範睢蔡澤列傳第十九。

率行其謀，連五國兵，為弱燕報強齊之仇，雪其先君之恥。作樂毅列傳第二十。

能信意強秦，而屈體廉子，用徇其君，俱重於諸侯。作廉頗藺相如列傳第二十一。

湣王既失臨淄而奔莒，唯田單用即墨破走騎劫，遂存齊社稷。作田單列傳第二十二。

能設詭說解患於圍城，輕爵祿，樂肆志。作魯仲連鄒陽列傳第二十三。

作辭以諷諫，連類以爭義，離騷有之。作屈原賈生列傳第二十四。

結子楚親，使諸侯之士斐然爭入事秦。作呂不韋列傳第二十五。

曹子匕首，魯獲其田，齊明其信；豫讓義不為二心。作刺客列傳第二十六。

能明其畫，因時推秦，遂得意於海內，斯為謀首。作李斯列傳第二十七。

為秦開地益眾，北靡匈奴，據河為塞，因山為固，建榆中。作蒙恬列傳第二十八。

填趙塞常山以廣河內，弱楚權，明漢王之信於天下。作張耳陳餘列傳第二十九。

收西河、上黨之兵，從至彭城；越之侵掠梁地以苦項羽。作魏豹彭越列傳第三十。

以淮南叛楚歸漢，漢用得大司馬殷，卒破子羽於垓下。作黥布列傳第三十一。

楚人迫我京索，而信拔魏趙，定燕齊，使漢三分天下有其二，以滅項籍。作淮陰侯列傳第三十二。

楚漢相距鞏洛，而韓信為填潁川，盧綰絕籍糧餉。作韓信盧綰列傳第三十三。

諸侯畔項王，唯齊連子羽城陽，漢得以間遂入彭城。作田儋列傳第三十四。

攻城野戰，獲功歸報，噲、商有力焉，非獨鞭策，又與之脫難。作樊酈列傳第三十五。

漢既初定，文理未明，蒼為主計，整齊度量，序律歷。作張丞相列傳第三十六。

結言通使，約懷諸侯；諸侯咸親，歸漢為藩輔。作酈生陸賈列傳第三十七。

欲詳知秦楚之事，維周常從高祖，平定諸侯。作傅靳蒯成列傳第三十八。

徙強族，都關中，和約匈奴；明朝廷禮，次宗廟儀法。作劉敬叔孫通列傳第三十九。

能摧剛作柔，卒為列臣；欒公不劫於勢而倍死。作季布欒布列傳第四十。

敢犯顏色以達主義，不顧其身，為國家樹長畫。作袁盎朝錯列傳第四十一。

守法不失大理，言古賢人，增主之明。作張釋之馮唐列傳第四十二。

敦厚慈孝，訥於言，敏於行，務在鞠躬，君子長者。作萬石張叔列傳第四十三。

守節切直，義足以言廉，行足以厲賢，任重權不可以非理撓。作田叔列傳第四十四。

扁鵲言醫，為方者宗，守數精明；後世序，弗能易也，而倉公可謂近之矣。作扁鵲倉公列傳第四十五。

維仲之省，厥濞王吳，遭漢初定，以填撫江淮之間。作吳王濞列傳第四十六。

吳楚為亂，宗屬唯嬰賢而喜士，士鄉之，率師抗山東滎陽。作魏其武

安列傳第四十七。

智足以應近世之變，寬足用得人。作韓長孺列傳第四十八。

勇於當敵，仁愛士卒，號令不煩，師徒鄉之。作李將軍列傳第四十九。

自三代以來，匈奴常為中國患害；欲知強弱之時，設置徵討，作匈奴列傳第五十。

直曲塞，廣河南，破祁連，通西國，靡北胡。作衛將軍驃騎列傳第五十一。

大臣宗室以侈靡相高，唯弘用節衣食為百吏先。作平津侯列傳第五十二。

漢既平中國，而佗能集楊越以保南籓，納貢職。作南越列傳第五十三。

吳之叛逆，甌人斬濞，葆守封禺為臣。作東越列傳第五十四。

燕丹散亂遼間，滿收其亡民，厥聚海東，以集真籓，葆塞為外臣。作朝鮮列傳第五十五。

唐蒙使略通夜郎，而邛笮之君請為內臣受吏。作西南夷列傳第五十六。

子虛之事，大人賦說，靡麗多誇，然其指風諫，歸於無為。作司馬相如列傳第五十七。

黥布叛逆，子長國之，以填江淮之南，安劗楚庶民。作淮南衡山列傳第五十八。

奉法循理之吏，不伐功矜能，百姓無稱，亦無過行。作循吏列傳第

五十九。

　　正衣冠立於朝廷，而群臣莫敢言浮說，長孺矜焉；好薦人，稱長者，壯有溉。作汲鄭列傳第六十。

　　自孔子卒，京師莫崇庠序，唯建元元狩之間，文辭粲如也。作儒林列傳第六十一。

　　民倍本多巧，奸軌弄法，善人不能化，唯一切嚴削為能齊之。作酷吏列傳第六十二。

　　漢既通使大夏，而西極遠蠻，引領內鄉，欲觀中國。作大宛列傳第六十三。

　　救人於戹，振人不贍，仁者有乎；不既信，不倍言，義者有取焉。作遊俠列傳第六十四。

　　夫事人君能說主耳目，和主顏色，而獲親近，非獨色愛，能亦各有所長。作佞幸列傳第六十五。

　　不流世俗，不爭勢利，上下無所凝滯，人莫之害，以道之用。作滑稽列傳第六十六。

　　齊、楚、秦、趙為日者，各有俗所用。欲循觀其大旨，作日者列傳第六十七。

　　三王不同龜，四夷各異卜，然各以決吉凶。略其要，作龜策列傳第六十八。

　　布衣匹夫之人，不害於政，不妨百姓，取與以時而息財富，智者有采焉。作貨殖列傳第六十九。

　　維我漢繼五帝末流，接三代業。周道廢，秦撥去古文，焚滅詩書，故

明堂石室金匱玉版圖籍散亂。於是漢興，蕭何次律令，韓信申軍法，張蒼為章程，叔孫通定禮儀，則文學彬彬稍進，詩書往往間出矣。自曹參薦蓋公言黃老，而賈生、晁錯明申、商，公孫弘以儒顯，百年之間，天下遺文古事靡不畢集太史公。太史公仍父子相續纂其職。曰：「於戲！餘維先人嘗掌斯事，顯於唐虞，至於周，復典之，故司馬氏世主天官。至於餘乎，欽念哉！欽念哉！」罔羅天下放失舊聞，王跡所興，原始察終，見盛觀衰，論考之行事，略推三代，錄秦漢，上記軒轅，下至於茲，著十二本紀，既科條之矣。並時異世，年差不明，作十表。禮樂損益，律歷改易，兵權山川鬼神，天人之際，承敝通變，作八書。二十八宿環北辰，三十輻共一轂，執行無窮，輔拂股肱之臣配焉，忠信行道，以奉主上，作三十世家。扶義俶儻，不令己失時，立功名於天下，作七十列傳。凡百三十篇，五十二萬六千五百字，為太史公書。序略，以拾遺補闕，成一家之言，厥協六經異傳，整齊百家雜語，藏之名山，副在京師，俟後世聖人君子。第七十。

太史公曰：餘述歷黃帝以來至太初而訖，百三十篇。

太史良才，寔纂先德。周遊歷覽，東西南北。事核詞簡，是稱實錄。報任投書，申李下獄。惜哉殘缺，非才妄續！

老子申韓列傳第三

老子者

《禮記・曾子問》鄭注，「老聃者古壽考者之號也，與孔子同時」。老非氏非地，壽考者皆可稱之，如今北方稱「老頭子」。儋，聃，老萊子，三

名混而為一，恐正由此稱之不為專名。

楚苦縣厲鄉曲仁里人也。

苦縣之名始於何時，不可知。苦邑未必始於秦漢，然苦縣之名容是秦滅楚為郡後改從秦制者也。楚稱九縣，仍是大名，郡縣未分小大。（郡即君之邑，七國時關東亦封君，楚初稱公如葉公，後亦稱君，如春申君。至於縣是否六國亦用之，待考。漢人書固有敘六國地稱縣者，然漢人每以當時之稱稱古，未可即據也。後來秦置守尉，郡存而君亡矣。郡縣「懸附之義」乃封建之詞，而後來竟成與封建相對之制。）

苦在漢屬淮陽，淮陽時為國，時為郡。東漢改為陳郡，蓋故陳地也。（見《漢書·地理志》陳分野節）《史記》十二諸侯年表，敬王四十一年，即魯哀公十六年，楚惠王十年，陳湣公二十三年，楚滅陳，其年孔子卒。故如老子是楚人，則老子乃戰國人，不當與孔子同時，老子如與孔子同時，乃苦之老子，非楚人也。又漢人稱楚每括故楚諸郡，不專指彭城等七縣，太史公蓋以漢之楚稱加諸春秋末戰國初人耳。

姓李氏

案姓氏之別，在春秋末未泯，戰國末始大亂，說詳顧亭林《原姓篇·論世本》一節中當詳引之。太史公心中是敘說一春秋末人，而曰姓某氏，蓋姓氏之別，戰國漢儒多未察，太史公有所謂軒轅氏高陽氏者，自近儒考證學之精辨衡之，疏陋多矣。（《論語》稱夏曰夏后氏，稱殷曰殷人，蓋殷雖失王，有宋存焉，夏則無一線紹述之國，杞一別支而已，必當時列國大夫族氏中有自稱出自夏後者，遂有夏后氏之稱，「固與」夏氏甚不同義。如顧氏所考，王室國君均有姓無氏也。）

名耳，字伯陽，諡曰聃。

《史記》志疑二十七，「案：老子是號，生即皓然，故號老子（見三國葛孝先《道德經序》），耳其名（《神仙傳》名重耳），聃其字（《呂覽》「不二」「重言」兩篇作老耼），非字伯陽。字而日諡者，讀若王褒賦「諡為洞簫」之諡，非諡法也（說在《孟嘗君傳》）。蓋伯陽父乃周幽王大夫，見《國語》，不得以老子當之。又《墨子‧所染》、《呂氏春秋‧當染》並稱舜染於許由伯陽，則別一人，並非幽王時之伯陽父。乃高誘注呂，於《當染篇》以伯陽為老子，舜師之（呂本意篇，堯舜得伯陽續耳也）；而於《重言》篇以老耼為論三川竭之伯陽，孔子師之（《周紀集解》引唐固亦云，伯陽甫老子也）；豈不謬哉？但《索隱》本作名耳字聃，無「伯陽諡日」四字；與後書桓紀延熹八年注引史合。並引許慎云，聃，耳漫也，故名耳，字聃，有本字伯陽，非正。

老子號伯陽父，此傳不稱，則是後人惑於神仙家之傳會，妄竄史文。隸釋《老子銘》、《神仙傳》、《抱朴子‧雜應》；《唐書‧宗室表》、《通志‧氏族略四》、《路史‧後紀七》，並仍其誤耳。至《路史》載老子初名元祿（注謂出《集真錄》），酉陽玉格言老子具三十六號，七十二名，又有九名，俱屬荒怪，儒者所不道」。案：梁說是也，惟謂老子生即皓然，恐仍是魏晉以來神仙家之說，陸德明亦採此，蓋唐代尊老子，此說在當時為定論矣。

孔子適周，將問禮於老子。

《孔子世家》云，「魯南宮敬叔言魯君日，請與孔子適周，魯君與之一乘車兩馬一豎子，俱適周，問禮，蓋見老子云。辭去，而老子送之，日『吾聞富貴者送人以財，仁人者送人以言。吾不能富貴，竊仁人之號，送子以言，日，聰明深察而近於死者，好議人者也，博辯廣大危其身者，發人之惡者也，為人臣者毋以有己，為人子者毋以有己』」。與此處所敍絕

177

異。此蓋道家絀儒學之言，彼乃儒家自認之說，故分存之也。孔子見老子否，說詳後。

至關，關令尹喜曰，「子將隱矣，強為我著書。」

關尹老聃：《莊子・天下篇》並稱之，蓋一派也。其書在《漢志》所著錄者久佚，今傳本乃唐宋所為，宋濂以來，辯之已詳。

莫知其所終。

此為後來化胡諸說所依據，太史公如此言，彼時道家已雜神仙矣（《淮南子》一書可見）。

或曰老萊子亦楚人也。

《莊子・外物篇》舉孔子問禮事，即明稱老萊子。

以其修道而養壽也。

黃老之學，原在陰謀術數及無為之論，雜神仙后始有此說。

自孔子死之後百二十九年，而史記周太史儋見秦獻公。

此事見《周本紀》烈王二年，及《秦本紀》獻公十一年，上溯孔子卒於敬王四十一年，為百有六年，與百二十九年之數不合。「故與秦國合」，謂西周時秦馬蕃息拼渭間也。「離」，謂東周遷也。「離五百歲而複合」謂秦滅周也。「合七十歲而霸王者出」，霸王當指秦皇，然赧王之世，秦皇乃生，西周滅後，至秦皇立，恰十年，非七十年。此說在《史記》四見，《周紀》、《秦紀》、《封禪書》、《老子傳》，或作十七、或作七十、或作七十七。無論如何算，皆不合。恐實是十歲，兩七字皆衍，或則讖語本不可確切求之也。

此所謂《史記》當是秦《史記》，彼時秦早有王天下之心，故箕子抱祭

器適周之說，有擬之者矣。

或曰，儋即老子，或曰非也，世莫知其然否。老子，隱君子也。

子長時，老子傳說必極複雜矛盾，子長能存疑，不能自決。（《孔子弟子列傳》亦書兩老子為孔子所嚴事者，此外尚有蓮伯玉、晏平仲、孟公綽、長弘、師襄、又是後人增之者。子長此處但憑書所記者列舉之，正無考核及倫次也。）

世之學老子者則絀儒學，儒學亦絀老子。

老子儒學之爭，文景武世最烈。轅固生幾以致死（見《儒林傳》），武帝初年竇嬰田蚡王綰皆以儒術為竇太后所罷。及武帝實秉政，用公孫宏董仲舒言，黃老微矣。談先黃老而後六經，遷則儒家，然述父學，故於老氏、儒家之上下但以道不同不相為謀了之耳。

與梁惠王齊宣王同時。

如此則亦孟子同時人。

然其要本歸於老子之言。

老莊不同，《天下篇》自言之。陰謀術數之學，莊書中俱無之，莊書中有敷衍道德五千言之旨者，亦有直引五千言中文句者（如「故曰魚不可脫於淵，國之利器不可以示人」），然莊書不純，不能遽以此實其為老子之學也。子長之時，莊非顯學，傳其書者，恐須託黃老以自重，故子長所見多為比附老氏者。

作《漁父》、《盜蹠》、《胠篋》，以詆訾孔子之徒，以明老子之術。《畏累虛》、《亢桑子》之屬，皆空語，無事實。

《今本莊子》，西晉人向秀所注，郭象竊之，附以《秋水》諸篇之注，而題為郭象注者（見《晉書》）。此本以外者，今並不存，但有甚少類書等

所引可輯耳。子長所舉諸篇，在《今本莊子》中居外篇雜篇之列，而子長當時竟特舉之，蓋《今本莊子》乃魏晉間人觀念所定，太史公時，老氏絀儒學，儒學絀老氏，故此數篇獨重。司馬貞云，「按，莊子，畏累虛，篇名也，即老聃弟子畏累。」

今本無此篇，僅庚桑楚云，老聃之役有庚桑楚者，遍得老聃之道以北居畏累之山。此與司馬子正所見不合矣。是子正猶及見與向、郭注本不同之莊子也。

京人也。

《左傳》隱元年，「請京，使居之，謂之京城大叔」，或申子鄭之京人也。

本於黃老，而主刑名。

黃老一說，恐漢初始有之，孟子論楊墨，《莊子·天下篇》，韓非《顯學篇》，以及《呂覽》，均不及此詞。蓋申實刑名之學，漢世述之者自附於黃老，故子長見其原於道德之意。

而其本歸於黃老。

如可據今本韓子論，韓子乃歸於陰謀權數之黃老耳。

人或傳其書，至秦，秦王見《孤憤》、《五蠹》之書，曰，「嗟乎，寡人得見此人，與之遊，死不恨矣」。

此所記恰與子長《報任少卿書》所云「韓非囚秦，說難孤憤」相悖，彼是此必非。今本《五蠹》、《孤憤》、《說難》等篇，皆無囚秦之跡可指，大約《報任少卿書》所云正亦子長髮憤之詞耳（《呂覽》成書，懸金國門，決非遷蜀後事）。

申子卑卑。

言其專致綜核名實之小數也。

皆原於道德之意。

刻薄寡恩，而皆原於道德之意，此甚可思之辭也。道德一詞，儒用之為積極名詞，道用之為中性名詞。故儒不談凶德，而道談盜者之道。韓文公云，道與德為虛位，仁與義為定名，此非儒者說，五千文中之說耳。刑名比附於道德五千言，韓子書中亦存《解老》、《喻老》，雖「其極慘礉」，仍是開端於五千文中。故曰，皆原於道德之意。

按《老子申韓列傳》，在唐以宗老子故，將老子一節升在伯夷上，為列傳第一，今存宋刻本猶有如此者。此至可笑之舉，唐之先世是否出於隴西，實未明瞭，在北周時，固用胡姓大野矣，而自託所宗於老子。當時人笑之者已多，所謂聖祖玄元皇帝，誠滑稽之甚。

黃老刑名相關處甚多，故老莊申韓同傳。三鄒子比傳儒家言，而齊之方士又稱誦習孔子之業（《始皇本紀》扶蘇語），故三鄒與孟荀同傳，亦以稷下同地故也。

■ 附：韓非子《孤憤》

智術之士，必遠見而明察，不明察，不能燭私；能法之士，必強毅而勁直，不勁直，不能矯奸。人臣循令而從事，案法而治官，非謂重人也。重人也者，無令而擅為，虧法以利私，耗國以便家，力能得其君，此所為重人也。智術之士明察，聽用，且燭重人之陰情；能法之直到勁直，聽用，矯重人之奸行。故智術能法之士用，則貴重之臣必在繩之外矣。是智法之士與當塗之人，不可兩存之仇也。

當塗之人擅事要，則外內為之用矣。是以諸侯不因，則事不應，故敵

181

國為之訟；百官不因，則業不進，故群臣為之用；郎中不因，則不得近主，故左右為之匿；學士不因，則養祿薄禮卑，故學士為之談也。此四助者，邪臣之所以自飾也。重人不能忠主而進其仇，人主不能越四助而燭察其臣，故人主愈弊而大臣愈重。

凡當塗者之於人主也，希不信愛也，又且習故。若夫即主心，同乎好惡，因其所自進也。官爵貴重，朋黨又眾，而一國為之訟。則法術之士欲干上者，非有所信愛之親，習故之澤也，又將以法術之言矯人主阿闢之心，是與人主相反也。處勢卑賤，無黨孤特。夫以疏遠與近愛信爭，其數不勝也；以新旅與習故爭，其數不勝也；以反主意與同好惡爭，其數不勝也；以輕賤與貴重爭，其數不勝也；以一口與一國爭，其數不勝也。法術之士操五不勝之勢，以發數而又不得見；當塗之人乘五勝之資，而旦暮獨說於前。

故法術之士奚道得進，而人主奚時得悟乎？故資必不勝而勢不兩存，法術之士焉得不危？其可以罪過誣者，以公法而誅之；其不可被以罪過者，以私劍而窮之。是明法術而逆主上者，不戮於吏誅，必死於私劍矣。朋黨比周以弊主，言曲以使私者，必信於重人矣。故其可以攻伐借者，以官爵貴之；其不可藉以美名者，以外權重之之。

是以弊主上而趨於私門者，不顯於官爵，必重於外權矣。今人主不合參驗而行誅，不待見功而爵祿，故法術之士安能蒙死亡而進其說？奸邪之臣安肯乘利而退其身？故主上愈卑，私門益尊。

夫越雖國富兵強，中國之主皆知無益於己也，曰：「非吾所得制也。」今有國者雖地廣人眾，然而人主壅蔽，大臣專權，是國為越也。智不類越，而不智不類其國，不察其類者也。人之所以謂齊亡者，非地與城亡

也，呂氏弗制而田氏用之；所以謂晉亡者，亦非地與城亡也，姬氏不制而六卿專之也。今大臣執柄獨斷，而上弗知收，是人主不明也。與死人同病者，不可生也；與亡國同事者，不可存也。今襲跡於齊、晉，欲國安存，不可得也。

凡法術之難行也，不獨萬乘，千乘亦然。人主之左右不必智也，人主於人有所智而聽之，因與左右論其言，是與愚人論智也；人主之左右不必賢也，人主於人有所賢而禮之，因與左右論其行，是與不肖論賢也。智者決策於愚人，賢士程行於不肖，則賢智之士羞而人主之論悖矣。人臣之慾得官者，其修士且以精潔固身，其智士且以治辯進業。其修士不能以貨賂事人，恃其精潔而更不能以枉法為治，則修智之士不事左右、不聽請謁矣。人主之左右，行非伯夷也，求索不得，貨賂不至，則精辯之功息，而讒誣之言起矣。

治辯之功制於近習，精潔之行決於毀譽，則修智之吏廢，則人主之明塞矣。不以功伐決智行，不以叄伍審罪過，而聽左右近習之言，則無能之士在廷，而愚汙之吏處官矣。

萬乘之患，大臣太重；千乘之患，左右太信；此人主之所公患也。且人臣有大罪，人主有大失，臣主之利與相異者也。何以明之哉？曰：主利在有能而任官，臣利在無能而得事；主利在有勞而爵祿，臣利在無功而富貴；主利在豪傑使能，臣利在朋黨用私。是以國地削而私家富，主上卑而大臣重。故主失勢而臣得國，主更稱蕃臣，而相室剖符。此人臣之所以譎主便私也。故當也之重臣，主變勢而得固寵者，十無二三。是其故何也？人臣之罪大也。

臣有大罪者，其行欺主也，其罪當死亡也。智士者遠見而畏於死亡，

必不從重人矣；賢士者修廉而羞與奸臣欺其主，必不從重臣矣，是當塗者徒屬，非愚而不知患者，必汙而不避奸者也。大臣挾愚汙之人，上與之欺主，下與之收利侵漁，朋黨比周，相與一口，惑主敗法，以亂士民，使國家危削，主上勞辱，此大罪也。臣有大罪而主弗禁，此大失也。使其主有大失於上，臣有大罪於下，索國之不亡者，不可得也。

十篇有錄無書說敘

《漢書・司馬遷傳》云，「十篇缺，有錄無書。」張晏曰，「遷沒之後，亡景紀、武紀、禮書、樂書、兵書、漢興以來將相年表，日者列傳，三王世家，龜策列傳，傅靳列傳。元成之間，褚先生補缺，作武帝紀，三王世家，龜策日者列傳，言辭鄙陋，非遷本意也」。又十篇有錄無書說，亦見於漢藝文志。東漢人引《史記》，無與此相反者。衛宏《漢舊儀注》云「太史公作景帝紀，極言其短，及武帝過，武帝怒而削去」。《魏志・王肅傳》云，「帝（明帝）又問，司馬遷以受刑之故，內懷隱切，著史記，非貶孝武，令人切齒。對曰，司馬遷記事不虛美，不隱惡，劉向、揚雄稱其善敘事，有良史之材，謂之實錄。漢武帝聞其述史記，取孝景及己本紀覽之，於是大怒，削而投之，於今此兩紀有錄無書。後遭李陵事，遂下蠶室。此為隱切在孝武而不在於史遷也」。

按，衛宏所記，每多虛妄（如謂太史公位在丞相上），明帝之語，有類小說，固不可遽信，然必東漢魏人不見景紀，然後可作此說，否則縱好遊談，亦安得無所附麗乎？子長沒後三百年中，十篇缺亡，一旦徐廣、裴駰竟得之，在趙宋以後，刻板盛行，此例猶少，在漢魏之世，書由絹帛，藏多在官，亡逸更易，重見實難，三百年中一代宗師所不見，帝王中秘所

不睹，而徐裴獨獲之於三百年後，無是理也。故十篇無書之說，實不可破，而張晏所舉，景紀外固無疑問，景紀之亡，則衛說、王傳皆證人也。今本十篇之續貂俱在，清儒多因而不信張晏說，即《史記志疑》之作者梁君，幾將史記全書三分之二認為改補矣，反獨以景紀、傅傳為不亡，是其疏也。今試分述十篇續貂之原，以疏張晏之論。

《景紀》

《景紀》之亡，有衛書、王傳為證，無可疑者。然梁君曰，「此紀之文，亦有詳於《漢書》者，如三年徙濟北王以下五王，五年徙廣川王為趙王，六年封中尉趙綰為建陵侯，至梁楚二王皆薨，班書皆無之，則非取彼以補也。蓋此紀實未亡爾」。不知此類多過《漢書》之處，皆別見《史記・漢興以來諸侯表》，惠景間侯者表中，記載偶有出入，然彼長此短，若更據《漢書》各表各傳以校之，恐《今本史記》無一句之來歷不明也。補書有工拙，此書之補固工於禮樂諸書，然十篇之補不出一人，詎可以彼之拙，遂謂工者非補書耶？且張晏舉補者之名，僅及一紀一世家二傳，未云其他有補文，則此十篇今本非出於一手甚明矣。

《武紀》

此書全抄封禪書，題目亦與自敘不合。太史公未必及見世宗之卒，而稱其諡，此為其偽不待辯也。錢大昕考異云，「餘謂少孫補史，皆取史公所闕，意雖淺近，詞無雷同，未有移甲以當乙者也，或魏晉以後，少孫補篇亦亡，鄉裡妄人取此以足其數耳。」

《漢興以來將相年表》 梁云，「案表云，孝景元年置司徒官，不知哀帝始改丞相為大司徒，光武去大乃稱司徒，孝景時安得有此官（此說自清官本始），又述事至孝成鴻嘉元年，殆自表其非材妄續耶」？按，梁說是

也。此篇當是據《漢書・百官公卿表》所記，參以太史公自敘，「國有賢相良將，民之師表也。維見《漢興以來將相名臣年表》，賢者記其治，不賢者彰其事，作漢興以來將相名臣年表第十」。諸語敷衍而成者。其中竟有大事記，作表有此，本紀何為者？（又國除削爵亡卒，在他表均不倒文，在此篇獨倒，明其為後人所為也。）

《禮書》、《樂書》

《禮書》抄自《荀子・禮論》，《樂書》抄自《樂記》，篇前均有太史公曰一長段，容可疑此書僅存一敘，然禮樂兩書之敘，體裁既與封禪等書不合，且其中實無深義，皆摹仿太史公文以成之敷衍語。即如樂書之敘，開頭即是摹《十二諸侯表》敘語，然彼則可緣以得魯詩之遺，此則泛泛若無所謂。是此兩敘皆就《漢書・禮樂志》中之故實，摹子長之文意，而為之；今如將此兩篇與諸表之敘校，即見彼多深刻之言，存漢初年儒者之說，此則敷衍其詞，若無底然，亦無遺說存乎其中，更將此兩篇與漢禮樂志校，又宜見其取材所自也。

《兵書》

今本目中題律書，然就自敘所述之意論之，固為兵書也，今本乃竟專談律，又稱道「聞疑」，強引孫吳，以合自敘，愈見其不知類。此篇初論兵家，次論陰陽，末述律呂，雜亂無比。漢魏入樂書多不存，惜不能就其所據之材料而校核之也。張晏稱之曰兵書，蓋及見舊本，顏書據今本律書駁之，不看自序文義，疏誤之甚。

《三王世家》

《三王世家》之來源，褚先生自說之，其文云：

臣幸得以文學為侍郎⋯⋯而解說之。

乃今本《三王世家》竟有太史公曰一段，且謂燕齊之事無足採者，為此偽者真不通之至。子長著書之時，三王年少，無世可紀，無事可錄，故但取其策文，今乃曰其事無足採者，是真不知子長為何時人，三王當何年封矣（三王當元狩六年封）。

此篇「王夫人者⋯⋯」以下，不知又是何人所補，然此實是漢世掌故及傳說之混合，與禮樂諸書有意作偽者不同也。

《日者列傳》

此書之補，褚先生曰以下者，應在先，司馬季主一長段，又就褚少孫所標之目，採合占家之遊談，以足之者也。此篇中並引老子、莊子於一處，而所謂莊子者不見今《莊子》書，意者此段之加，在晉初，彼時老莊已成一切清談所託，而向、郭定本莊子猶未及行耶？

《龜策列傳》

此亦剌取雜占卜者之辭為之，「褚先生曰」以下，當是舊補（但直接褚先生曰數句頗疑割裂），其前一大段，及記宋之王事，又是敷衍成文，剌取傳說以成此篇未缺之形式者，應為後來所補。日者龜策兩篇文詞鄙陋，張晏司馬貞俱言之。

《傅靳周列傳》

此全抄《漢書》者，末敷衍毫無意義之贊以實之。稍多於《漢書》處，為封爵，然此均見《史記》、《漢書》諸表者。《周傳》高祖十二年以繰為蒯成侯，在擊陳豨前，然擊豨在十年，《漢書》不倒，抄者誤也。

綜上以觀，褚先生之補並非作偽，特欲足成子長之書，故所述者

實是材料及事實之補充，且明題褚曰，以為識別。若此諸篇之「太史公曰……」者，乃實作偽之文，或非張晏所及見。補之與作偽不可不別也。褚補《史記》不只此數篇，然他處補者尚有子長原文，褚更足之，此數篇中有錄無書，故補文自成一篇，張晏遂但舉此也。故此十篇中有褚補者，有非褚補者，非褚補者乃若作偽然，或竟是晉人所為，蓋上不見於張晏，下得入於裴書耳。偽書頗有一種重要用處，即可據以校古書。有時近本以流傳而有訛謬，偽書所取尚儲存舊面目者，據以互校，當有所得矣。

論太史公書之卓越

太史公書之文辭，是絕大創作，當無異論。雖方望溪、姚姬傳輩，以所謂桐城義法解之，但識碔砆，竟忘和璧，不免大煞風景，然而子長文辭究不能為此種陋說所掩。今不談文學，但談史學，子長之為奇才，有三端焉：

一、整齊殊國紀年。此雖有春秋為之前驅，然彼仍是一國之史，若列國所記，則各於其黨，「欲一觀諸要難」（《十二諸侯表》中語）。年代學（chronology）乃近代史學之大貢獻，古代列國並立，紀年全不統一，子長獨感其難，以為十二諸侯六國各表，此史學之絕大創作也。我國人習於紀年精詳之史，不感覺此功之大，若一察希臘年代學未經近代人整理以前之狀態，或目下印度史之年代問題，然後知是表之作，實史學思想之大成熟也。

二、作為八書。八書今亡三篇，張晏已明言之，此外恐尚有亡佚者，即可信諸篇亦若未經殺青之功。然著史及於人事之外，至於文化之中禮、樂、律、曆、天官、河渠、封禪、平準各為一書，斯真睹史學之全，人文之大體矣。且所記皆涉漢政（天官除外），並非承襲前人，亦非誦稱書

傳，若班氏所為者。其在歐洲，至十九世紀始有如此規模之史學家也。凡上兩事，皆使吾人感覺子長創作力之大，及其對於史學觀念之真（重年代學括文化史），希臘羅馬史家斷然不到如此境界。皆緣子長並非守文之儒，章句之家，遊蹤遍九域，且是入世之人，又其職業在天官，故明習歷譜，洞徹人文。子長不下帷而成瑋著，孟堅但誦書而流邅拘，材之高下固有別矣。

三、「疑疑亦信」。能言夏禮，杞不足徵，能言殷禮，宋不足徵，文獻不足，闕文尚焉，若能多見闕疑，慎言其餘，斯為達也。子長於古代事每並舉異說，不雅馴者不取，有不同者並存之，其在《老子傳》云，「或曰，儋即老子，或曰非也，世莫知其然否，老子隱君子也」，或疑其胸無倫類，其實不知宜為不知，後人據不充之材料，作逾分之斷定，豈所論於史學乎？子長蓋猶及史之闕文也，今亡矣夫！

論司馬子長非古史學乃今史學家

孟堅敘子長所取材，曰，「司馬遷據《左氏》、《國語》，採《世本》、《戰國策》，述楚漢春秋，接其後事，訖於天漢。其言秦漢詳矣。至於採經摭傳，分散數家之事，甚多疏略，或有牴牾。」此信論也。子長實非古史家，採取詩書，並無心得。其紀五帝三代事，但求折衷六藝耳，故不雅馴者不及，然因仍師說，不聞斷制，恐譙周且笑之矣。

《史記》記事，入春秋而差豐，及戰國而較詳，至漢而成其燦然者矣。其取《國語》，固甚有別擇，非一往抄寫。《戰國策》原本今不見，今本恐是宋人補輯者（吳汝綸始為此說），故不能據以校其取捨。《楚漢春

秋》止記秦楚漢之際，子長採之之外，補益必多，項劉兩紀所載，陸賈敢如是揶揄劉季乎？今核其所記漢事，誠與記秦前事判若兩書，前則「疏略牴牾」，後則「文直事核」矣。

　　彼自謂迄於獲麟止（元狩元年），而三王之封，固在元狩六年，已列之世家，是孟堅以《史記》迄於天漢之說差合事實。其記漢事，「不虛美，不隱惡」，固已愈後愈詳，亦復愈後愈見其別擇與文采。若八書之作，子長最偉大處所在，所記亦漢事也。又子長問故當朝，遊跡遍九域，故者未及詳考，新者乃以行旅多得傳聞。以調查為史，亦今史之方，非古史之術。蓋耳聞之古史，只是神話，耳聞之近事，乃可據以考核耳。

手批「史記」（全文周法高輯錄）

　　陳槃庵先生藏湖北崇文書局重刊《王本史記》，乃傅孟真師於民國二十九年客昆明龍泉鎮時所賜贈者。書中多孟真師硃筆批語。槃庵先生檢出示餘，餘既選一頁影印，復錄其全文於下：

　　書名之要者，於其中抹之以為識（明人如此）。可注意之端，以△別之。善言備後來留意者圈之。（《史記集解》序頁一上）

　　子長實最良之今史家，其於古史，乃反不如。楚漢春秋以前，抄書而已。所抄書大體不差，而亦未見其多發明。獨記漢事，文章事理，昭然明白，顯言微言，盡情舒暢。此實與後來之官書文字絕然不同者也。（又頁一上）

　　此皆無知而談也。（司馬貞補《史記》序頁二上「借如本紀敘五帝而闕三皇」以下）

　　遊易講，都易郡，真妄人也。（張守節《史記正義》序頁一上「講學齊魯之郡」）。

　　紹太史一語，在此處為不辭。（又頁一上「紹太史，繼春秋」）

　　此實不專某某家，無例可言。（《史記正義論例・謚法》解頁二上「論注例」云云）

　　此處原文必是兩行旁行，張守節以為直行而抄之，遂有此可笑之錯亂。（又頁六下謚法解「民無能名神」以下）

　　數碼標《周書謚法解》中之序。神1，皇4，帝3，王5，公7，侯8，君6，聖2，明13，文10，德16，武11，成26，康25，穆27，昭29，平33，景34，貞35，桓38，元42，宣55，莊43，惠40，敬46，肅50，聲68，傷，戴51，殤（傷）53，隱54，知70，悼55，荒57，愍58，匡96，奠76，類77，明13，愛91，忠81，魏61，長89，直86，紹84，節93，易95，克90，湯。（以上上列）

　　簡9，恭12，欽14，定15，襄17，僖（釐）18，釐（僖）18，懿21，度61，獻20，孝22，〔考〕23，齊24，頃28，靖（靜）32，圉54，胡30，剛31，威36，祁37，使56，安62，思39，皥57，譽60，商59，夷44，懷45，丁47，烈48，翼49，白67，靈52，厲69，剌56，哀59，躁78，戾73，醜75，幽60，慧41，質72，良74，順79，憲19，惑（感）80，厚97，煬52，正87，堅85，誇88，抗92，繆96，比94。（以上下列）（又頁六下至頁十六）

　　子長已引其父言易大傳，而子長未述庖犧神農，則今本十翼之成今式，恐更在景武后矣。不然，子長雖能存疑，要亦折中六藝。易擊明文，獨不採乎？（《三皇本紀》頁一上「太皥庖犧氏」以下）

顧頡剛云：黃帝所至，即子長所至（見贊）。蓋子長仍以自己所聞之傳說為斷也。（卷一五《帝本紀》頁四上「東至於海」以下）

風後、力牧皆抽象之神道詞也。即雲風之後力之牧耳。力即怪力亂神之力。大鴻之鴻，即鴻雁之鴻。常先或亦禽獸之字，先或弋字之訛。此四者均非人名，蓋黃帝亦當時普及民間之一宗教。（又頁五下「風後力牧，常先大鴻」）

此四人之治民如此，其為神道可知矣。（又頁六上「時播百穀草木，淳化鳥獸蟲蛾」）黃帝在子長時，為一普及民間之宗教矣。（又頁三十下「餘嘗西至空峒，北過涿鹿，東漸於海，南浮江淮矣。至長老皆各往往稱黃帝」）

劉子駿不能改全書之思想，以就古文，乃但於若干處舉「古文近是」等等之直申語，為術誠拙也。（又「總之不離古文者近是」）

天，文字之誤也。甲文證明。（卷三《殷本紀》頁二上「子天乙立」）

《史記》所引《書序》，皆竄入文。子長見《大傳》，故未及見所謂《書序》。（又頁二下「作帝誥」）太史公時，儒者善談五帝，而竟不能辨東西周，其歷史觀念可知矣。（卷四《周本紀》頁四一下「學者皆稱周伐紂，居洛邑」以下）

太史公得讀《秦記》，故《秦本紀》事獨詳。（卷五《秦本紀》頁一上）

秦之再霸，實不始考公商君，蓋自然之勢耳。（又頁二二下「與晉戰於石門，斬首六萬，天子賀以黼黻」）六藝六經六書六卿等名，恐皆自秦始皇后始也。（卷六秦始皇本紀頁十一「數以六為紀，符法冠皆六寸，而輿六尺，六尺為步，乘六馬」）

始皇先用儒而後坑之，非自始絕之也。東巡先至嶧，其意可知矣。

（又頁十四下「二十八年，始皇東行郡縣，上鄒嶧山，立石，與魯諸儒生議刻石頌秦德，議封禪」）

此是諛言，而下文乃有宗旨。（又頁二三上「今陛下創大業，建萬世之功」）

始皇坑術士，而扶蘇謂諸生皆誦法孔子，甚可留意也。（又頁二六下「始皇長子扶蘇諫曰，天下初定，遠方黔首未集，諸生皆誦法孔子」）

諸刻石文中，儒家思想多矣。（又頁二九上「有子而嫁，倍死不貞，防隔內外，禁止淫泆」）

前後倒置。（又頁四十下「於是山東大擾，諸侯並起，豪俊相立」）

如此眾人，說來一若同時然。（又頁四三上「於是六國之士，有甯越徐尚蘇秦杜赫之屬為之謀」）

不知何人所別抄入也。（頁四八上「襄公立，享國十二年」）

此是典引文。（又頁五一上「孝明皇帝十七年十月十五日乙丑日」以下）

如此人家子弟，不為始皇聚之咸陽，而任其在山澤中。如是，固知帝王之法，有時吞舟是漏也。（卷七項羽本紀頁二上「雖吳中子弟，皆已憚籍矣。秦二世元年七月，陳涉等起大澤中」）

此必別一李由。（又頁七上「斬李由」，注「應劭曰：由，李斯子也。」）

妝改收。（頁二三下「妝其貨寶美人」）

此句不知誰何所追記也（卷八高祖紀「朝以十月，車服、黃屋、左纛，葬長陵」）

高後文帝紀贊，皆若刺武帝語。（卷九《呂后本紀》頁十五下「太史公曰」以下）

高帝死後，以呂氏之殘暴，而天下竟安，揭竿不起者，皆自戰國二百年來殺戮之故也。（卷十《孝文字紀》頁一下「夫秦失其政」以下）

此不知何人補，要甚後矣，但據漢書敷衍成章耳。（卷十一《孝景本紀》頁一上）

此處古文二字攙入得尤其明顯，尤其不通。（卷十三《三代世表》頁一下「古文咸不同乖異」）

即此以觀，即知帝擊世本等之為妄矣。（又頁五下「從黃帝至武王十九世」）

此處所改多矣。（卷十四《十二諸侯年表》頁二上「七十子之徒口受其傳指」以下）

此句尚是未改者，有所忘也。（又頁三上「自共和訖孔氏表見《春秋》、《國語》」）

古文二字，此處或「載籍」等詞之改也。（又頁三上「為成學治古文者要刪焉」）

此最深刻之謗漢文也。（卷十六《秦楚之際月表》頁二上：「安在無土不王，此乃傳之所謂大聖乎！豈非天哉？豈非天哉？」）

刺語。（卷二十《建元以來侯者年表》頁一上「以此知功臣受封侔於祖考矣」以下）

有錄無書。（卷二二《漢興以來將相名臣年表》頁一上）

此文首節油腔滑調，絕不類太史公語。（卷二八《封禪書》頁一上）

此一節與《郊祀志》頗不同。（又頁二下「周官曰」至「所從來尚矣」）

郊祀志云：作陳寶祠。（又頁四下「作伏祠」）

此穆公有志步岐周之跡而託言也。（又頁五上「寢乃言夢見上帝，上帝命穆公平晉亂」）

此段《郊祀志》無之。（又頁七上「其後百有餘年」至「乃後陪臣執政」）

此語與《郊祀志》序錯。（又頁七下「季氏旅於泰山，仲尼譏之」）

秦色尚黑，其不及黑帝者，蓋以其祖即為黑帝也。（又頁十七上「四帝有白青黃赤帝之祠」）

此節與郊祀志小異。（又頁十九上「是歲制日，朕即位十三年」以下）

周之北當為成周之北。（卷三一《吳太伯世家》頁二上「乃封周章弟虞仲於周之北」）

按之金文，中國之虞乃作吳，在揚州者日工漁。虞仲必即太伯之弟，非另一人也。（又「是為虞仲」）

季子此語沉痛之至。設當時季子不讓，早及於難矣。設是時不使齊，恐亦波及矣。此一濁世之佳公子，焉能與此輩獸性者角力哉？權德輿責之，苛而不近人情矣。（又頁十三上「吾敢誰怨乎？哀死事生，以待天命。非我生亂，立者從之，先人之道也」）

太公猶言始祖也。田和亦稱太公，是也。（卷三二《齊太公世家》頁一下「故號之日太公」）

三國之始，蓋皆東夷部姓也（卷三六《陳杞世家》頁九下「滕薛鄒，夏殷周之間封也」）

此政治進展之跡。（又「周武王時，侯伯尚千餘人」以下數句）

漢田氏在齊與在諸陵者，頗多豪族。（又「而田常得政於齊，卒為建國，百世不絕」）

　　按太史公與孔董、桑弘羊同時，武帝正侈用此輩，以鹽錢等為聚斂。太史公惡此，無異其惡衛霍公孫弘。孟荀列傳獨有此敘，實與平準書中所寄之感慨同。（卷七四《孟子荀卿列傳》「自天子至於庶人，好利之弊，何以異哉」）

　　功未甚多，未然，此史公刺語也。（卷一一一《衛將軍驃騎列傳》頁七下「將軍所以功未甚多」）

　　此中史公雖有牢騷意，然尚持平，恐實錄正如此也。（又頁十上「軍亦有天幸，未嘗困絕也」）

　　屬國之始置。（又頁十一下「因其故俗為屬國」）

　　茂陵一朝，諸將顯分東西二黨。東方皆暴發戶，以貴戚親倖得顯。西方則將家子也。衛霍東士，蘇李則關西將門也。（又頁二一上：「太史公曰」以下）

　　齊人風習。（卷一一二《平津侯主父列傳》頁一下「弘為人恢奇多聞」）

　　子誠齊人也。（又頁二下「臣聞管仲相齊」）

　　其八事為律令，必尤為重要，乃不傳，惜哉！（又頁五上「其八事為律令」）

　　諫伐匈奴，而武帝相見恨晚，此見武帝之有容也。（又頁十二上「公等皆安在，何相見之晚也」）偃初諫黷武，登庸後乃設計城朔方，甚矣小人之無宗旨也。（頁十三上「偃盛言朔方地肥饒」以下數句）

　　此篇史事不循理，言說多奇詭，蓋離摭小說家言。雖不在十篇有錄無書者之數，亦未必為史公之作也（卷一一九《循吏列傳》頁一下）

　　忠孝不併立，此之謂。（又頁三下「夫以父立政，不孝也；廢法縱罪，非忠也」）

汲公亦通世故。此語置之六朝雋詞中，亦上品也。（卷一二〇《汲鄭列傳》頁四上「夫以大將軍有揖客，反不重邪」）

此處據《論語》以敘孔子，於詩書禮樂，並及春秋之關係，獨不舉易，可見子長實未見所謂古《論語》「假我數年，五十以學易」之說也。《孔子世家》有云「假我數年……」然實與古《論語》文不同，且恐竄入也。（卷一二一《儒林列傳》頁一上「於是論次詩書，修起禮樂」以下）

「以至於始皇」五字，疑衍文也。（又頁二上「以至於始皇，天下並爭」）

「焚詩書」上或應有始皇二字。（又「焚詩書」）坑術士而曰坑儒，則儒者，職業之名也。（又「焚詩書」）

坑術士而曰坑儒，則儒者，職業之名也。（又「坑術士」）

疑者則闕不傳，疑是註文羼入也。（又頁六上「疑者則闕不傳」）

「至」，監本官本作「在」，是也。（又頁六下「為治者不至多言」）

家人言恐又是婦人言，故觸竇太后怒將繩之以法也。（又頁七下「此是家人言耳」）

凡此種種，都形容漢武好偽儒疏正儒也。（又頁八上「諸諛儒多疾毀固」）

此傳中之老子，當釋廢老之義。（又頁八下「老，不能行」）

此處當是古文者擅入之文。此段實有矛盾處，既曰天下無有能治「尚書」者，又曰漢定得二十九篇以教，必不通矣。惟擅入實跡如何，待後來一校考之也。（又頁八下九上「欲求能治尚書者，天下無有」以下）

五字上下文不通不銜，其為竄入無疑也。（又頁九上「受業孔安國」）

此又是竄入文也。（又頁九下「自此以後」至「蓋尚書滋多於是矣」）

漢人不增稱姓，此備稱，恐後人書之也。（又頁十上「傳子至孫徐延徐襄」）

此五字，古文者竄入文也。子長時無所謂「公羊春秋」，「穀梁春秋」。（又頁十二上「其傳公羊氏也」）

同下為竄入文。（又瑕丘江生為「穀梁春秋」）此亦或是竄入文或否。如非竄入，則集比其義，當是比董胡二氏也。（又「自公孫弘得用，嘗集比其義」）

此刺語也（又「天下皆以為是」）

子長及見董孫為大官耶？此增文也。（又頁十二下「而董仲舒子及孫皆以學至大官」）

如是則司馬貞所見之本，蓋為「火正黎」矣。此必就《漢書》所改成，而《漢書》又是徇《國語》之申義也。（卷一三〇《太史公自序》頁一上「北正黎以司地」索隱）

重黎疑是一人之名，其後分演為二。（又頁一上《索隱》「重司天而黎司她」「而史遷意欲合二氏為一」）

吳起贊文異引。（又頁二上注「《史記》吳起贊曰：非信仁廉勇，不能傳劍論兵書也」）地字，清官本作池。（又頁二上「葬於華池」正義「華地在同州」清官本多「志」字又頁二下「卒皆葬高門」正義「括地丟」）

此劉歆竄改文無疑也。其原文必為年十歲則誦何書何書。（又頁六下「年十歲，則誦古文」）

待與《今本吳越春秋》校之。（又頁七上「探禹穴」正義「吳越春秋云」以下）

此豈嘗獲見故文耶？（又頁八下「《細史》記《石室》、《金匱》之書」）

以上批語為孟真師中年讀書時信筆所書，未必與其晚年定論相合。覽者幸無摘其一二而加譏彈也。

選自周法高編輯《近代學人手跡》（初集）（一九六二年六月臺北文星書店出版）。後有陳槃跋：「民國廿九年秋播遷昆明龍泉鎮，孟真師以《明仿刊王本史記》詒槃，師所讀本之一也。行間眉上，朱墨紛陳，師所記也。義既精微，辭復雋妙，足以津逮後學。子範已以其首頁攝景存真，餘則親督寫生逐條過錄以附編後。雖零金碎玉，莫非可寶者也。」

與頡剛論古史

評秦漢統一之由來和戰國人對於世界的想像

頡剛兄：

今天把你一向給我的信，從頭「編年」一看，覺其中或者不曾有信失去。我共收到你的六封快信，最末一封為十一月十八論孔子，對麼？現在分條從頭一一細答，因以前信每不盡意也。

我對於你的「秦漢統一的由來和戰國人對於世界的想像」有下列的意見：

（一）你這個「古疆域小，一箇中央」思想，自然再對不過。這篇文章卻並未提到「統一的由來」，若謂有個大的世界觀念便能統一，則從無是說。

（二）我對於你的「古史辨」美中不足之一，是看你說殷頗有「扶得東來西又倒」之勢。殷誠然不是一個一統天下，誠然還不如成周，但也決不

會僅等於昆吾大彭。殷的疆域，東邊「海外有截」，西邊伐鬼方，到了甘肅境，北邊你已承認他遊牧到了直隸的保定。而且敵國之周，都那樣稱他，連曰大商大商，真像克殷才定了天下樣的。我們在這些地方，應該充量用尚存的材料，而若干材料缺的地方，即讓他缺著。此文中你說商，也未免有與古史辨中同一趨勢。

（三）「知道他們已經遊牧到直隸保定了」，此句似應於他們下加「至少」二字。因為找出證據來者，可斷其為有，不曾找出證據來者，亦不能斷其為無。

（四）你引孟子「夏後殷周之盛」一段話，甚悖你古史辨原則。你正是去辨這些話哩！孟子的歷史說，即是你所去辨累層地中之一層。「湯百里，文王七十里」一流話，泛言之，則是「夏後殷周之盛地未有過千里者矣」，顯然不合事實。

（五）姜羌是否一字，似乎我們尚未得證據。

（六）《左傳》的文句，最不宜乎固執去用，因為今本不知經過多少手也。「君處北海，寡人處南海」，豈必是當時楚王之言，誠恐是《國語》中語來語去之語耳。且楚在齊桓時並不處南海待楚滅越後方真正處南海。

（七）你說「因為那時四海以內有個九方千里之地，所以就有了九州之說」。這話我想不見得如此。九本是一多數詞，如汪中所舉例。但即令九州之九由方千里者九來，而九州是從哪裡來呢？孟子這句話實在太模糊。當時的七國中，齊燕趙秦楚俱不止千里，秦楚竟過三四千裡，而韓魏不及千里。且那兩國千里是誰呢？當時的小國，周衛魯俱遠不及千里，而宋也不及，中山總是為人分來分去的。

州一個觀念，必是一個海國的觀念。州島恐本是一個字，只是「方言

的歧異」，用久遂有兩義。故《禹貢》一面言州，一面言島夷皮服。州在《詩》尚是島之義，渚、島、州皆舌頭發音也。如九州之觀念不起於海邊人民，則應云九宇，九有，九方，而不應云九州。我久疑此小九州之故說亦起於齊。去年告 m.pelliot，他云島州一字甚可能。

在 veda 中，大陸與島嶼亦是一字。今春找到 augustconrady 二十年前一文，名「紀元前六世紀印度在中國之影響」，於此一點甚致疑。他說州之觀念及推小至大之瀛海環州，均見於 veda，當是由印度到中國。但此涉想之無稽甚顯然。如由印度來，何不先至秦而反至齊？且此傳說之見於 veda，究竟是原印度日耳曼人的思想呢，或者是印度土物？如是印度土物，則 veda 此說亦是借自被征服之民。如是原印度日耳曼人的思想，則原印度日耳曼人亦並非島夷，焉得發明此思想。且此思想並不同見於希臘及日耳曼的早年神話，故此思想甚難謂之為「cosmology 印度的」。充量亦僅是印度早年土物。或者當年印度東南一帶，南洋諸國，以直到中國的青營，有此一種 vedie 之傳說，其流入印度日耳曼人者，遂入 veda，流入齊國者、遂有九州大九州之說也。「齊國的鄒」有此說，甚可長想。

兄謂因為「齊國人有了這種想像，所以他們就有航海覓地的事業」，這話適得其反，因為他們有航海覓地的事業，所以他們才有了，或從別人得了這種想像。古代齊國海路交通是大而早的。法顯回來，由青州上岸。孫權要找遼東，竟布置海徵的計劃。漢文景武時，南越和匈奴能相策應。而殷之相土，已戡定了海外一塊地方。大約齊之海上交通是史前世的事啦。

（八）徐福與日本一段故事，當是日本人當年慕漢族而造之謠言，與造武天皇等一以漢家皇帝之為號出於一個心理。

（九）《山海經》怕是很後的書，何以你不疑他一下呢？

（十）「那時候人敢於放膽思想所以常有很聰明的話（下至）……一個行是了」。我想，放膽思想只能有很荒唐的話。當時的一般陰陽家讖緯論者，每是有些方技的。他們卻是著實的觀天。觀天的人見星一夜起東落西一回，而其中有以年變位置者。地動之一種想像甚可有，所難者，說明此天系統耳。歌白尼、蓋理律均是說明此係統。至如於地之動一種涉想，即巴比倫之牧童恐也必有想到者矣。且地動與認地是行星亦並不是一事。

（十一）「但何以後來武功就低落，疆土就不能再開拓了！」你的答案是「尊重儒家」，給德化之說徵「服」。我想後來漢家皇帝何以不再拓土，不是由於德化之說。我於心有一甚複雜的議論，此時寫下累數千字。待下次作一長談罷。

（十二）我總覺得你這篇文理，與在《古史辨》上，頗犯一種毛病，即是凡事好為之找一實地的根據，而不大管傳說之越國遠行。如談到洪水必找會稽可以有洪水之證，如談到緯書便想到當時人何以造此等等。其實世界上一些寓言（parables），一些宇宙論（corsmologics），每每遠到數萬裡。洪水之說，今見之於 genesis 者，實由巴比倫來。其在巴比倫者由何來，今不可得而考。緯書上一些想像，及洪水九州等觀念，我們不可忘傳說走路之事也。漢陰陽家多齊人，而制歷者或有外國人，二百二十萬年及顓頊諸歷，焉知非中央亞細亞流入者也？如必為一事找他的理性的事實的根據，每如刻舟求劍，舟已行矣，而劍不行，鑿矣。

弟斯年十二月七日

（原文刊載於 1927 年 11 月 8 日
《國立中山大學語言歷史學研究所週刊》第一集第二期）

論孔子學說所以適應於秦漢以來的社會的緣故

一

孟真兄：

弟有一疑難問題，乞兄一決：

在《論語》上看，孔子只是舊文化的繼續者，而非新時代的開創者。但秦漢以後是一新時代，何以孔子竟成了這個時代的中心人物？

用唯物史觀來看孔子的學說。他的思想乃是封建社會的產物。秦漢以下不是封建社會了，何以他的學說竟會支配得這樣長久？

商鞅，趙武靈王，李斯一輩人，都是新時代的開創者，何以他們造成了新時代之後，反而成為新時代中的眾矢之的？

弟覺得對於此問題，除非作下列的解釋才行：

孔子不是完全為舊文化的繼續者，多少含些新時代的理想，經他的弟子們的宣傳，他遂甚適應於新時代的要求。

商鞅們創造的新時代，因為太與舊社會相沖突，使民眾不能安定，故漢代調和二者而立國。漢的國家不能脫離封建社會的氣息，故孔子之道不會失敗。漢後二千年，社會不曾改變，故孔子之道會得傳衍得這樣長久。

兄覺得這樣解釋對嗎？請批註，愈詳細愈好。

弟頡剛十五，十一，十八

■ 二

頡剛兄：

十八日信到，甚喜。

你提出的這個問題，我對於這個問題本身有討論。你問：「在《論語》上看……何以孔子成了這個時代的中心人物？」我想，我們看歷史上的事，甚不可遇事為他求一理性的因，因為許多事實的產生，但有一個「歷史的積因」。不必有一個理性的因。即如佛教在南北朝隋唐時在中國大行，豈是謂佛教恰合於當年社會？豈是謂從唯物史觀看來，佛教恰當於這時興盛於中國？實在不過中國當年社會中人感覺人生之艱苦太大（這種感覺何時不然，不過有時特別大），而中國當年已有之迷信與理性不足以安慰之，有物從外來，誰先誰立根基，不論他是佛，是祆，是摩尼，是景教，先來居勢，並不盡由於佛特別適於中國。且佛之不適於中國固有歷史，遠比景教等大。那種空桑之教，無處不和中國人傳統思想相反。然而竟能大行，想是因為這種迷信先別種迷信而來，宣傳這種迷信比宣傳別種迷信的人多，遂至於居上。人們只是要一種「有說作」的迷信，從不暇細問這迷信的細節。耶穌教西行，想也是一個道理。我們很不能說那薩特的耶穌一線最適宜於龐大而頹唐的羅馬帝國，實在那時羅馬帝國的人們但要一種「有說作」的迷信以安慰其苦倦，而恰有那薩特的耶穌一線奮鬥的最力，遂至於接受。我常想，假如耶穌教東來到中國，佛教西去歐洲，未必不一般的流行，或者更少困難些。因為佛教在精神上到底是個印度日耳曼人的出產品，而希伯來傳訓中，宗法社會思想之重，頗類中國也。（此等事在別處當詳說）

我說這一篇旁邊話，只是想比喻儒家和漢以來的社會，不必有「銀丁

扣」的合拍。只要儒家道理中有幾個成分和漢以來的社會中主要部分有相用的關係，同時儒家的東西有其說，而又有人傳，別家的東西沒有這多說，也沒有這多人傳，就可以幾世後儒家統一了中等階級的人文。儒家儘可以有若干質素甚不合於漢朝的物事，但漢朝找不到一個更有力的適宜者，儒家遂立足了。一旦立足之後，想他失位，除非社會有大變動，小變動他是能以無形的變遷而適應的。從漢武帝到清亡，儒家無形的變動甚多，但社會的變化究不曾變到使他四方都倒之勢。他之能維持二千年，不見得是他有力量維持二千年，恐怕是由於別家沒有力量舉出一個 alternative（別家沒有這個機會）。

儒家到了漢朝統一中國，想是因為歷史上一層一層積累到勢必如此，不見得能求到一個漢朝與儒家直接相對的理性的對當。

這恐怕牽到看歷史事實的一個邏輯問題。

說孔子於舊文化之成就，精密外，更有何等開創，實找不出證據。把《論語》來看，孔子之人物可分為四條。

（一）孔子是個入世的人，因此受若干楚人的侮辱。

（二）孔子的國際政治思想，只是一個霸道，全不是孟子所謂王道，理想人物即是齊桓管仲。但這種淺義，甚合孔子的時代（此條長信已說）。

（三）孔子的國內政治思想，自然是「強公室杜私門」主義。如果孔子有甚新物事貢獻，想就是這個了。這自然是甚合戰國時代的。但孔子之所謂正名，頗是偏於恢復故來的整齊（至少是他所想像的故來），而戰國時之名法家則是另一種新勢力之發展。且戰國時之名法家，多三晉人，甚少稱道孔子，每每譏儒家。或者孔子這思想竟不是戰國時這種思想之泉源。但這種思想，究竟我們以見之於孔子者為最早。

　　（四）孔子真是一個最上流十足的魯人。這恐怕是孔子成為後來中心人物之真原因了。魯國在春秋時代，一般的中產階級文化，必然是比那一國都高，所以魯國的風氣，是向四方面發展的。齊之「一變至於魯」，在漢朝已是大成就，當時的六藝，是齊魯共之的。這個魯化到齊從何時開始，我們已不可得而知，但戰國時的淳于髠鄒衍等，已算是齊彩色的儒家。魯化到三晉，我們知道最早的有子夏與魏文侯的故事。中央的幾國是孔子自己「宣傳」所到，他的孫子是在衛的。荀卿的思想，一面是魯國儒家的正傳，一面三晉的彩色那麼濃厚。魯化到楚，也是很早的。陳良總是比孟子前一兩輩的人，他已經是北學於中國了。屈原的時代，在戰國不甚遲，《離騷》一部書，即令是他死後戀傷他的人之作，想也不至於甚後，而這篇裡「上稱帝嚳，下道齊桓，中述湯武，遠及堯舜」四端中，三端顯是自魯來的。又《莊子・天下篇》，自然不是一篇很早的文，但以他所稱與不稱的人比列一下子，總也不能甚遲，至遲當是荀卿呂不韋前一輩的人。且這文也看不出是魯國人做的痕跡。這篇文於儒家以外，都是以人為單位，而子鄒魯獨為一 collective 之論，這裡邊沒有一句稱孔子的話，而有一大節發揮以鄒魯為文宗。大約當時人談人文者仰鄒魯，而鄒魯之中以孔子為最大的聞人。孔子之成後來中心人物，想必是憑藉魯國。

　　《論語》上使我們顯然看出孔子是個吸收當時文化最深的人。大約記得的前言往行甚多，而於音樂特別有了解，有手段。他不必有甚麼特別新貢獻，只要魯國沒有比他更大的聞人，他已經可以憑藉著為中心人物了。

　　魯國的儒化有兩個特別的彩色：

　　（一）儒化最好文飾，也最長於文飾。抱著若干真假的故事，若干真假的故故，務皮毛者必採用。所以好名高的世主，總採儒家，自魏文侯以至漢武帝。而真有世間閱歷的人，都不大看得起儒家，如漢之高宣。

　　（二）以上項更有關係的，是儒家的道德觀念，純是一個宗法社會的理性發展。中國始終沒有脫離了宗法社會。世界上自有歷史以來，也只有一小部分的希臘及近代歐洲，脫離了宗法社會。雖羅馬也未脫離的。印度、日耳曼民族中，所以能有一小部分脫離宗法社會的原故，想是由於這些民族的一個最特別的風俗是重女子（張騫的大發明）。因為女子在家庭中有力量，所以至少在平民階級中，成小家庭的狀態，而宗法因以廢弛。中國的社會，始終以家為單位。三晉的思想家每每只承認君權，但宗法社會在中國的中等階級以上，是難得消失的，這種自完其說的宗法倫理漸漸傳布，也許即是魯國文化得上風的由來。

　　本來宗法社會也但是一個有產階級的社會，在奴婢及無產業人從來談不到宗法。宗法的倫理必先嚴父，這實於入戰國以來專制政治之發達未嘗不合。那樣變法的秦伯，偏諡為孝公。秦始皇統一後，第一舉即是到嶧山下，聚諸儒而議禮，迨議論不成，然後一人遊幸起來。後來至於焚書坑儒，恐懼非其本心。秦王是個最好功喜名的人，儒家之文飾，自甚合他的本味。試看嶧山刻石，特提「孝道顯明」，而會稽刻石「匡飭異俗」之言曰，「有子而嫁，背死不貞，防隔內外，禁止淫佚，男女潔誠，夫為寄豭，殺之無罪，男秉義程，妻為逃嫁，子不得母」。看他這樣以魯俗匡飭越俗的宗旨，秦國的宗法倫理，在上流社會上是不會墮的。故始皇必以清議而納母歸。孝之一字必在世家方有意義，所以當時孝字即等於 decency，甚至如劉邦一類下等流氓，亦必被人稱為大孝，而漢朝皇帝無一不以孝為諡，暴發戶學世家，不得不如此耳。有這個社會情形，則魯儒宗之倫理傳布，因得其憑藉。

　　封建一個名詞之下，有甚多不同的含義。西周的封建，是開國殖民，所以封建是謂一種特殊的社會組織。西漢的封建是割裂郡縣，所以這時所

謂封建但是一地理上之名詞而已。宗周或以滅國而封建，如殷、唐等；或以拓新土而封建，如江漢。其能封建稍久的，在內則公室貴族平民間相影響成一種社會的組織。其中多含人民的組織。人民之於君上，以方域小而覺親，以接觸近而覺密。試看《國風》那時人民對於那時公室的興味何其密切。那時一諸侯之民，便是他的戰卒，但卻不即是他的俘虜。這種社會是養成的。後來兼併愈大，愈不使其下層人民多組織（因為如此最不便於虜使）。其人民對於其公室之興味，愈來愈小。其為政者必使其人民如一團散沙，然後可以為治。如秦始皇之遷天下豪傑於咸陽，即破除人民的組織最顯明的事。封建社會之滅，由於十二國七國之兼併，秦只是把六國滅了罷了。封建的社會制早已亡，不待秦。

中國之由春秋時代的「家國」演進為戰國時代的「基於征服之義」之國，是使中國人可以有政治的大組織，免於匈奴鮮卑之滅亡我們的；同時也是使中國的政治永不能細而好的。因為從戰國秦的局面，再一變，只能變到中央亞細亞大帝國之局面，想變到歐洲政治之局面是一經離開封建制以後不可能的。（從蒙古滅宋後，中國的國家，已經成了中央亞細亞大帝國之局面了。唐宋的政治雖腐敗，比起明清來，到底多點「民氣」。）

在漢初年，假如南粵趙氏多傳一百年，吳濞傳國能到宣元時，或者粵吳重新得些封建社會的組織。但國既那末大，又是經過一番郡縣之後，這般想是甚不自然的。漢初封建只是劉家家略，劉邦們想如此可以使姓劉的長久，遂割郡縣以為國。這是於社會的組織上甚不相涉的。頂多能夠恢復到戰國的七雄，決不能恢復到成周春秋之封建。封建之為一種社會的組織，是在戰國廢的，不是在秦廢的。漢末嘗試著恢復這社會的組織，也正不能。

我覺得秦國之有所改變，只是順當年七國的一般趨勢，不特不曾孤意

的特為改變，而且比起六國來反為保守。六國在戰國時以經濟之發展。侈靡而失其初年軍國之精神（特別是三晉），秦國則立意儲存，從孝公直到秦皇。

漢初一意承秦之續，不見得有一點「調和二者」的痕跡。這層漢儒是很覺得的。太史公把漢看得和秦一般，直到王莽時，揚雄劇秦美新，亦只是劇漢美新耳。東漢的儒家，方才覺得漢不是秦。

儒家雖由漢武定為國教，但儒家的政治理想，始終未完全實現。東漢晚年禮刑之辨，實是春秋理想與戰國理想之爭，魯國理想與三晉理想之爭。魯國以國小而文化久，在戰國時也未曾大脫春秋時封建氣。儒家的理想，總是以為國家不應只管政刑，還要有些社會政策，養生送死，乃至儀節。三晉思想總是以為這都非國家所能為、所應為，國家但執柄。其弊是儒家從不能有一種超予 ethics 的客觀思想，而三晉思想家所立的抽象的機作，亦始終不可見，但成君王之督責獨裁而已。

近代最代表純正儒家思想者，如顧亭林，其封建十論，何嘗與柳子厚所論者為一件事。柳子厚的問題是：封建（即裂土，非成俗）於帝室之保全，國內之秩序為便呢，或是但是郡縣？亭林的問題是：封建（即成俗，非裂土）能安民或者郡縣？亭林答案，以為「郡縣之弊其弊在上」必層層設監，愈不勝其監。刺史本是行官，旋即代太守，巡按本是行官，旋即代布政，愈防愈腐，以人民之中未有督責也。

中國離封建之局（社會的意義），遂不得更有歐洲政治的局面，此義我深信深持，惜此信中不能更詳寫下。

商鞅趙武靈王李斯實在不是一輩人。商鞅不是一個理想家，也不是一個專看到將來的人。他所行的法，大略可以分做四格：（一）見到晉國霸

業時之軍國辦法，以此風訓練秦國；(二) 使警察成人民生活的習慣；(三) 抑止財富的勢力侵到軍國。此亦是鑑於晉之頹唐；(四) 使法令絕對的實行。商君到底是個三晉人。自孝公以來秦所以盛，我試為此公式：＂以戎秦之粗質，取三晉之嚴文＂。

商鞅這種變法，是與後來儒家的變成法家，如王莽，王安石等，絕然不同的。

趙武靈王不曾變法，只是想使人民戎俗而好戰，以便開拓胡地中山，並以並秦。他是一個甚浪漫的人。但不見得有制度思想。

李斯的把戲中，真正太多荀卿的思想。荀卿所最痛言的「一天下建國家之權稱」，李斯實現之。他的事作與商君的事作甚不類。商君是成俗，李斯是定權衡。

這些人不見得在當時即為「眾矢之的」。我們現在讀戰國的歷史，只能靠一部《史記》。《戰國策》已佚，今存當是後人輯本 (吳汝綸此說甚是)，而這部《史記》恰恰是一部儒家思想的人做的。商君的人格，想也是很有力量而超越平凡的。看他答公孫痤之言，何其有見識而有擔當。且後來一靠孝公，不為私謀，秦國終有些為他訴冤的人。即令有人攻擊他，也必是攻擊他的私人，不聞以他之法為眾矢之的。

至於李斯，後人比忠者每稱之。《史記》上有一個破綻，「人皆以斯極忠而被五刑。察其本，乃與俗議之異。不然，斯之功且與周召列矣」。可見子長時人尚皆稱許李斯，非子長一人在《史記》上作翻案文章耳。子長最痛恨公孫弘，最看不起衛霍一流暴發戶，最不謂然的是好大喜功，故結果成了一部於漢武帝過不去的謗書。他這「一家之言」，我們要留神的。

陳涉造反，尚用扶蘇的名義，可見當時蒙將軍之死，必是世人歌泣的

一件事。蒙氏有大功,而被大刑,不合太史公的脾胃,把他一筆抹殺,這豈能代表當年的輿論哉。如果《史記》有好處,必是他的「先黃老而後六經,退處士而進奸雄,羨貨利而羞賤貧」。但頭一句尚是他的老子的好處,他的儒家思想之重,使這書但成「一家之言」。假若現在尚有當年民間的著述,必另是一番議論。我們現在切不可從這不充足的材料中抽結論。

到了後世甚遠,儒家思想,儒家記載,專利了。當年民間真正的輿論,就不見了。

宋前曹操在民間的名譽不壞,從宋起,儒家思想普及民間,而曹公變為「眾矢之的」。當年何曾是如此的。

以上一氣寫下,一時想到者,意實未盡也。

弟斯年十五、十一、廿八

三

頡剛兄:

兄第六信提出一事,弟於上次信敘了我的意思很多。我現在補說下列幾句:

中國社會的變遷,在春秋戰國之交,而不在秦。七國制,秦制,漢制,都差不多。其得失存亡,在政而不在制。

商鞅一般人不見得在當時受惡名,我又舉下列兩事:(一)李斯上書,舉商君以為客之益秦之例;(二)公孫衍、張儀,孟子的學生大稱之,大約是當時時論,而遭了孟子大頓罵。孟子是儒家,不見得能代表當時時論。

有一人頗有一部分像商君者,即吳起,在其能製法明令以強國。而吳

起所得罪的人，也正是商君所得罪的，即是當時的貴族。大約戰國初年的趨勢，是以削貴族的法子強國。

弟斯年十五、十二、七

（原文刊載於 1927 年 11 月

《國立中山大學語言歷史學研究所週刊》第一集第六期）

評「春秋時的孔子和漢代的孔子」

頡剛兄：

這篇文章的思想，和我上次信上的意思大致相同，這是很可快樂的事。但是最好還是希望我們的想頭不同，才有爭論。

這篇文章裡，我也有幾點與你所說小異：

（一）孔子不見得是純粹的這麼一個君子，大約只是半個君子而半個另是別的。孔子也罵君子，是你也舉的。《論語》上有好些話出於君子之外。至於「他修養的意味極重，政治的意味很少」，這話恐怕不盡然。《論語》上先有這麼些政治的意味的話。

（二）古文一派恐不始於向、歆。我的書太不熟，七年國外，忘得光光。我所記得的最早古文思想，是東方朔對武帝話，以周公為丞相，孔丘為御史大夫。但這話也正出於《漢書》，實不能取為確據。有了董仲舒一流之巫師，則古文一種較 national 的東西必起來本無疑也。

（三）兄謂「宗教一面的材料沒有寄頓之處，就改拉了老子做教主成就了道教。……孔子就成了士大夫的先師了」。這話大致很對。但最初拉老子的人，還是那些偏於古文的儒家，如王弼何晏等。黃巾道士並不拉老

子。等著道士拉老子,恐是葛洪前後的事了。

孔子之政治思想,我認為甚緊要。內談正名,外談伯道,實是當前的大題目。伯道在孔子時沒有一點壞意思。現在人想起伯來,便想到西楚伯王,遂誤會了。

《論語》上孔子之修養彩色,恐亦是由《論語》之成就造成。《論語》當然是有子、曾子一派的。這派人總是少談政事,多談修養,好弄那些禮貌的架子。有子便是架子大家,大約是架子「似夫子」。我們就這一派人的傳記看孔子,自然由這個角的 perspective 加重這一派人的彩色。

我有一個非常自信的成見,以為我們研究秦前問題,只能以書為單位,不能以人為單位。而以書為單位,一經分析之後,亦失其為單位。故我們只能以《論語》為題,以《論語》之孔子為題,不能但以孔子為題。孔子問題是個部分上不能恢復的問題,因為「文獻不足徵也」。否則彙集一切孔子說,如孫星衍所願自效於他所想像以為七十二代文人者,亦正亂七八糟。今以《論語》的單位,尚可抽出一部分的孔子來,其全部分的孔子是不可恢復了。於墨子莊子等等俱如此,俱以書為單位,而於分析之後不勉強補苴罅漏。其有不能解決之問題「及史之闕文」而已。

弟斯年十五、十二、七

(原文刊載於 1927 年 12 月

《國立中山大學語言歷史學研究所週刊》第一集第七期)

與顧頡剛論古史書

頡剛足下：

　　我這幾年到歐洲，除最初一時間外，竟不曾給你信，雖然承你累次的寄信與著作。所以雖在交情之義激如我們，恐怕你也輕則失望，重則為最正當之怒了。然而我卻沒有一天不曾想寫信給你過，只是因為我寫信的情形受牛頓律的支配，「與距離之自成方之反轉成比例」，所以在柏林朋友尚每每通訊以代懶者之行步，德國以外已少，而家信及國內朋友信竟是稀得極利害，至於使老母發白。而且我一向懶惰，偶然以刺激而躁動一下子，不久又回覆原狀態。我的身體之壞如此，這麼一個習慣實有保護的作用救了我一條命。但因此已使我三年做的事不及一年。我當年讀稽叔夜的信說他自己那樣懶法，頗不能瞭解，現在不特覺得他那樣是自然，並且覺得他懶得全不盡致。我日日想寫信給你而覺得拿起筆來須用舉金箍棒之力，故總想「明天罷」。而此明天是永久不來的明天，明天，明天……至於今天；或者今天不完，以後又是明天，明天，明天……這真是下半世的光景！對於愛我的朋友如你，何以為情！

　　私事待信末談，先談兩件「努力週報」上事物。在當時本發憤想寫一大篇寄去參加你們的論戰，然而以懶的結果不曾下筆而「努力」下世。我尚且仍然想著，必然寫出寄適之先生交別的報登，竊自比季子掛劍之義，然而總是心慕者季子，力困若叔夜，至今已把當時如泉湧的意思忘到什七八，文章是做不成的了，且把尚能記得者寄我頡剛。潦草，不像給我頡剛的信，但終差好於無字真經。只是請你認此斷紅上相思之字，幸勿舉此遐想以告人耳。

　　第一件是我對於丁文江先生的「歷史人物與地理的關係」一篇文章的

意見。(以下見「評丁文江歷史人物與地理的關係」文，不復載。)

　　其二，論頡剛的古史論。三百年中，史學，文籍考訂學，得了你這篇文字，而有「大小總彙」。三百年中所謂漢學之一路，實在含括兩種學問：一是語文學，二是史學，文籍考訂學。這倆以外，也更沒有什麼更大的東西：偶然冒充有之，也每是些荒謬物事，如今文家經世之論等。拿這兩樣比著看，量是語文學的成績較多。這恐怕是從事這類的第一流才力多些，或者也因為從事這科，不如從事史學文籍考訂者所受正統觀念限制之多。談語言學者儘可謂「亦既覯止」之覯為交媾，「握椒」之為房中藥。

　　漢宋大儒，康成元晦，如此為之，並不因此而失掉他的為「大儒」。若把「聖帝明王」之「真跡」布出，馬上便是一叛道的人。但這一派比較發達上差少的史學考訂學，一遇到頡剛的手裡，便登時現出超過語文學已有的成績之形勢，那麼你這個古史論價值的大還等我說嗎？這話何以見得呢？我們可以說道，頡剛以前，史學考訂學中真正全是科學家精神的，只是閻若璩、崔述幾個人。

　　今文學時或有善言，然大抵是些浮華之士；又專以門戶為見，他所謂假的古文，固大體是假，他所謂真的今文，亦一般的不得真。所有靠得住的成績，只是一部《古文尚書》和一部分的左氏、周官之惑疑（這也只是提議，未能成就）；而語文那面竟有無數的獲得。但是，這語文學的中央題目是古音，漢學家多半「考古之功多，審音之功淺」，所以最大的成績是統計的分類通轉，指出符號來，而指不出實音來。現在尚有很多的事可作；果然有其人，未嘗不可凌孔巽軒而壓倒王氏父子。史學的中央題目，就是你這「累層地造成的中國古史」，可是從你這發揮之後，大體之結構已備就，沒有什麼再多的根據物可找。

　　前見晨報上有李玄伯兄一文，謂古史之定奪要待後來之掘地。誠然掘地是最要事，但不是和你的古史論一個問題。掘地自然可以掘出些史前的物事，商周的物事，但這只是中國初期文化史。若關於文籍的發覺，恐怕不能很多。（殷墟是商社，故有如許文書的發現，這等事例豈是可以常希望的。）而你這一個題目，乃是一切經傳子家的總鎖鑰，一部中國古代方術思想史的真線索，一個周漢思想的攝鏡，一個古史學的新大成。這是不能為後來的掘地所掩的，正因為不在一個題目之下。豈特這樣，你這古史論無待於後來的掘地，而後來的掘地卻有待於你這古史論。現存的文書如不清白，後來的工作如何把他取用。

　　偶然的發現不可期，系統的發掘須待文籍整理後方可使人知其地望。所以你還是在寶座上安穩的坐下去罷，不要怕掘地的人把你陷了下去。自然有無量題目要仔細處置的，但這都是你這一個中央思想下的布列。猶之乎我們可以造些動力學的 theorem，但這根本是 newton 的。我們可以研究某種動物或植物至精細，得些貫通的條理，但生物學的根本基石是達爾文。學科的範圍有大小，中國古史學自然比力學或生物學小得多。但他自是一種獨立的，而也有價值的學問。你在這個學問中的地位，便恰如牛頓之在力學，達爾文之在生物學。

　　去年春天和志希從吾諸位談，他們都是研究史學的。「頡剛是在史學上稱王了，恰被他把這個寶貝弄到手；你們無論再弄到什麼寶貝，然而以他所據的地位在中央的原故，終不能不臣於他。我以不弄史學而倖免此危，究不失為『光武之故人也』。幾年不見頡剛，不料成就到這麼大！這事原是在別人而不在我的頡剛的話，我或者不免生點嫉妒的意思，吹毛求疵，硬去找爭執的地方；但早晚也是非拜倒不可的。」

　　頡剛，我稱讚你夠了麼！請你不要以我這話是朋友的感情；此間熟

人讀你文的，幾乎都是這意見。此特你應做的事，就是趕快把你這番事業弄成。我看見的你的文並不全，只是努力讀書雜誌 9，10，11，12，14（十三號未見過，十四後也未見過）所登的。我見別處登有你題目，十四號末又註明未完；且事隔已如此之久，其間你必更有些好見解，希望你把你印出的文一律寄我一看。看來禹的一個次敘，你已找就了，此外的幾個觀念，如堯，舜，神農，黃帝，許由，倉頡等等，都仔細照處理禹的辦法處置他一下子。又如商湯，周文，周公雖然是真的人，但其傳說也是歷時變的。龜甲文上成湯並不稱成湯。《商頌》裡的武王是個光大商業、而使上帝之「命式於九圍」的，克夏不算重事。《周誥》裡周公說到成湯，便特別注重他的「革夏」，遂至結論到周之克殷，「於湯有光」的滑稽調上去「此恰如滿酋玄燁誃孝陵的話」。

到了孟子的時代想去使齊梁君主聽他話，尤其是想使小小滕侯不要短氣，便造了「湯以七十里興，文王以百里興」的話頭，直接與詩頌矛盾。到了嵇康之薄湯武，自然心中另是一回事。至於文王周公的轉變更多。周公在孔子正名的時代，是建國立制的一個大人物。在孟子息邪說、距波行的時代，是位息邪說、距詖行的冢相。

在今文時代，可以稱王。在王莽時代，變要居攝。到了六朝時，真個的列爵為五，列卿為六了，他便是孔子的大哥哥，謝夫人所不滿意事之負責任者。（可惜滿清初年不文，不知「文以詩書」，只知太后下嫁。不然，周公又成滿酋多爾袞；這恐怕反而近似。）這樣變法，豈有一條不是以時代為背景。尤其要緊的，便是一個孔子問題。

孔子從《論語》到孔教會翻新了的梁漱溟，變了真正七十二，而且每每是些劇烈的變化，簡直摸不著頭腦的。其中更有些非常滑稽的。例如蘇洵是個訟棍，他的《六經論》中的聖人（自然是孔子和其他），心術便如訟

棍。長素先生要做孔老大，要改制，便做一部孔子改制託古考；其實新學偽經，便是清朝的康有為做的。

　　梁漱溟總還勉強是一個聰明人，只是所習慣的環境太陋了，便挑了一個頂陋的東西來，呼之為「禮樂」，說是孔家真傳：主義是前進不能，後退不許，半空吊著，簡直使孔丘活受罪。這只是略提一二例而已，其實妙文多著哩。如果把孔子問題弄清一下，除去歷史學的興味外，也可以滅掉後來許多梁漱溟，至少也可以使後來的梁漱溟但為梁漱溟的梁漱溟，不復能為孔家店的梁漱溟。要是把歷來的「孔丘七十二變又變……」寫成一本書，從我這不莊重的心思看去，可以如歐洲教會教條史之可以解興發噱。從你這莊重的心思看去，便一箇中國思想演流的反射分析鏡，也許得到些中國歷來學究的心座（freudiancomplexes）來，正未可料。

　　你自然先以文書中選擇的材料證成這個：「累層地」，但這個累層地的觀念大體成後，可以轉去分析各個經傳子家的成籍。如此，則所得的效果，是一部總括以前文籍分析，而啟後來實地工作的一部古史，又是一部最體要的民間思想流變史，又立一個為後來證訂一切古籍的標準。這話是虛嗎？然則我謂他是個「大小總彙」，只有不及，豈是過稱嗎？

　　大凡科學上一個理論的價值，決於他所施作的度量深不深，所施作的範圍廣不廣，此外恐更沒有甚麼有形的標準。你這個古史論，是使我們對於周漢的物事一切改觀的，是使漢學的問題件件在他支配之下的，我們可以到處找到他的施作的地域來。前年我讀你文時，心中的意思如湧泉。當時不寫下，後來忘了一大半。現在且把尚未忘完的幾條寫下。其中好些只是你這論的演繹。

■ 一　試想幾篇戴記的時代

大小戴記中，材料之價值不等，時代尤其有參差，但包括一部古儒家史，實應該從早分析研究一回。我從到歐洲來，未讀中國書，舊帶的幾本早已丟失。想戴記中最要四篇，《樂記》，《禮運》，《大學》，《中庸》，當可背誦，思一理之。及一思之，恨《樂記》已不能背。見你文之初，思如湧泉，曾於一晚想到《大學》、《中庸》之分析。後來找到戴記一讀，思想未曾改變。又把《禮運》一分量，覺得又有一番意思。今寫如下：

《大學》孟子說：「人有恆言，皆曰天下國家。天下之本在國，國之本在家，家之本在身。」可見孟子時尚沒有《大學》一種完備發育的「身家國天下系統哲學」。孟子只是始提這個思想。換言之，這個思想在孟子時是胎兒，而在《大學》時已是成人了。可見《孟子》在先，《大學》在後。《大學》老說平天下，而與孔子孟子不同。孔子時候有孔子時候的平天下，「九合諸侯，一匡天下」，如桓文之霸業是也。孟子時候有孟子時候的平天下，所謂「以齊王」是也。列國分立時之平天下，總是講究天下定於一，姑無論是「合諸侯，匡天下」，是以公山弗擾為「東周」，是「以齊王」，總都是些國與國間的關係。

然而《大學》之談「平天下」，但談理財。理財本是一個治國的要務；到了理財成了平天下的要務，必在天下已一之後。可見《大學》不見於秦皇。《大學》引《秦誓》，書是出於伏生的，我總疑心《書》之含《秦誓》是伏生為秦博士的痕跡，這話要真，大學要後於秦代了。且《大學》末後大罵一陣聚斂之臣。漢初兵革擾擾，不成政治，無所謂聚斂之臣。文帝最不曾用聚斂之臣，而景帝也未用過。直到武帝時才大用而特用，而《大學》也就大罵而特罵了。

　　《大學》總不能先於秦，而漢初也直到武帝才大用聚斂之臣，如果《大學》是對時而立論，意者其作於孔、桑登用之後，輪臺下詔之前乎？且《大學》中沒有一點從武帝后大發達之炎炎奇怪的今文思想，可見以斷於武帝時為近是。不知頡剛以我這鹽鐵論觀的《大學》為何如？

　　《中庸》、《中庸》顯然是三個不同的分子造成的，今姑名為甲部，乙部，丙部。甲部《中庸》從「子曰君子中庸」起，到「子曰父母其順矣乎」止。開頭曰中庸，很像篇首的話。其所謂中庸，正是兩端之中，庸常之道，寫一個 petitbourgeois 之人生觀。「妻子好合，如鼓瑟琴；兄弟既翕，和樂且耽」。不述索隱行怪而有甚多的修養，不談大題而論社會家庭間事，顯然是一個世家的觀念（其為子思否不關大旨），顯然是一個文化甚細密中的東西 —— 魯國的東西，顯然不是一個發大議論的筆墨 —— 漢儒的筆墨。

　　從「子曰鬼神之為德」起，到「治國其如示諸掌乎」止，已經有些大言了，然而尚不是大架子的哲學。此一節顯然像是甲部丙部之過渡。至於第三部，從「哀公問政」起到篇末，還有頭上「天命之謂性」到「萬物育焉」一個大帽子，共為丙部，純粹是漢儒的東西。這部中所謂中庸，已經全不是甲部的「庸德之行，庸言之謹」，而是「中和」了。「中庸」本是一家之小言，而這一部中乃是一個會合一切，而謂其不衝突 —— 太和 —— 之哲學。

　　蓋原始所謂中者，乃取其中之一點而不從其兩端；此處所謂中者，以其中括合其兩端，所以仲尼便祖述堯舜（法先王），憲章文武（法后王），上律天時（羲和），下襲水土（禹）。這比孟子稱孔子之集大成更進一步了。孟子所謂「金聲玉振」尚是一個論德性的話，此處乃是想孔子去包羅一切人物；孟荀之所以不同，儒墨之所以有異，都把他一爐而熔之。「九經」之九事，在本來是矛盾的，如親親尊賢是也，今乃並行而不相悖。這豈是晚周子家所敢去想的。這個「累層地」，你以為對不對？

然而中庸丙部也不能太后，因為雖提禎祥，尚未入緯。

西漢人的思想截然和晚周人的思想不同。西漢人的文章也截然與晚周人的文章不同。我想下列幾個標準可以助我們決定誰是誰。

（一）就事說話的是晚周的，做起文章來的是西漢的。

（二）研究問題的是晚周的，談主義的是西漢的。

（三）思想也成一貫，然不為系統的鋪排的是晚周，為系統的鋪排的是西漢。

（四）凡是一篇文章或一部書，讀了不能夠想出他時代的背景來的，就是說，發的議論對於時代獨立的，是西漢。而反過來的一面，就是說，能想出他的時代的背景來的卻不一定是晚周。因為漢朝也有就事論事的著作家，而晚周卻沒有憑空成思之為方術者。

《呂覽》是中國第一部一家著述，以前只是些語錄。話說得無論如何頭腦不清，終不能成八股。以事為學，不能抽象。漢儒的八股，必是以學為學；不窺園亭，遑論社會。

《禮運》、《禮運》一篇，看來顯系三段。「是謂疵國，故政者之所以藏身也」（應於此斷，不當從鄭）以前（但其中由「言偃復問日」到「禮之大成」一節須除去）是一段，是談魯生的文章。「夫政必本於天……」以下是一段，是炎炎漢儒的議論，是一漢儒的系統玄學。這兩段截然不同。至於由「言偃復問日」到「禮之大成」一段，又和上兩者各不同，文詞略同下部而思想則不如彼之侈。「是為小康」，應直接「舍魯何適矣」。

現在我們把《禮運》前半自為獨立之一篇，併合其中加入之一大節，去看，魯國之鄉曲意味，尚且很大。是論兵革之起，臣宰之借，上規湯武，下薄三家的仍類於孔子正名，其說先生仍是空空洞洞，不到易傳實

指其名的地步。又談禹湯文武成王周公而不談堯舜，偏偏所謂「大道之行也」云云即是後人所指堯舜的故事。堯舜禹都是儒者之理想之 incarnation，自然先有這理想，然後再 incarnated 到誰和誰身上去。此地很說了些這個理想，不曾說是誰來，像是這篇之時之堯舜尚是有其義而無其詞，或者當時堯舜俱品之傳說未定，尚是流質呢。

所談禹的故事，反是爭國之首，尤其奇怪。既不同雅頌，又不如後說，或者在那個禹觀念進化表上，這個禮運中的禹是個方域的差異。我們不能不承認傳說之方域的差異，猶之乎在言語學上不能不承認方言。又他的政治觀念如「老有所終」以下一大段，已是孟子的意思，只不如孟子詳。又這篇中所謂禮，實在有時等於《論語》上所謂名。又「升屋而號」恰是墨子引以攻儒家的。

又「玄酒在室」至「禮之大成也」一段，不亦樂乎的一個魯國的 petit-bourgeois 之 kulturo。至於「嗚呼哀哉」以下，便是正名論。春秋戰國間大夫紛紛篡諸侯，家臣紛紛篡大夫，這篇文章如此注意及此，或者去這時候尚未甚遠。這篇文章雖然不像很舊，但看來總在《易·系》之前。

《易·系》總是一個很遲的東西，恐怕只是稍先於太史公。背不出，不及細想。

■ 二　孔子與六經

玄同先生這個精而瞭然的短文，自己去了許多雲霧。我自己的感覺如下：

易《論語》「夏禮吾能言之，杞不足徵也。殷禮吾能言之，宋不足徵也。文獻不足故也；足，則吾能徵之矣」。《中庸》「吾說夏禮，杞不足徵

也。吾學殷禮，有宋存焉。吾學周禮，今用之，吾從周」。《禮運》「吾欲觀夏道，是故之杞，而不足徵也，吾得夏時焉。吾欲觀殷道，是故之宋，而不足徵也，吾得坤乾焉。坤乾之義，夏時之等，吾以是觀之」。附易於宋。由這看來，顯系後起之說。而且現在的《易》是所謂《周易》，乾上坤下，是與所謂歸藏不同。假如《周易》是孔子所訂，則傳說之出自孔門，決不會如此之遲，亦不會如此之矛盾紛亂。且商瞿不見於《論語》，《論語》上孔子之思想絕對和《易·系》不同。

《詩》 以《墨子》證《詩》三百篇，則知《詩》三百至少是當年魯國的公有教育品，或者更普及（墨子，魯人）。看《左傳》、《論語》所引《詩》大同小異，想見其始終未曾有定本。孔子於刪詩何有焉。

《書》 也是如此。但現在的《今文尚書》，可真和孔子和墨子的書不同了。現在的今文面目，與其謂是孔子所刪，毋寧謂是伏生所刪。終於《秦誓》，顯出秦博士的馬腳來。其中真是有太多假的，除虞、夏書一望而知其假外，周書中恐亦不少。

《禮》、《樂》 我覺玄同先生所論甚是。

《春秋》 至於《春秋》和孔子的關係，我卻不敢和玄同先生苟同。也許因為我從甚小時讀孔廣森的書，印下一個不易磨滅的印象，成了一個不自覺的偏見。現在先別說一句。從孔門弟子到孔教會梁漱溟造的那些孔教傳奇，大別可分為三類：一怪異的，二學究的，三為人情和社會歷史觀念所絕對不能容許的。

一層一層的剝去，孔丘真成空丘（或云孔，空）了。或者人竟就此去說孔子不是個歷史上的人。但這話究竟是笑話。在哀公時代，魯國必有一個孔丘字仲尼者。那末，困難又來了。孔子之享大名，不特是可以在晚周

儒家中看出的，並且是在反對他的人們的話中證到的。孔子以什麼緣由享大名雖無明文，但他在當時享大名是沒有問題的。也許孔子是個平庸人，但平庸人享大名必須機會好；他所無端碰到的一個機會是個大題目，如劉盆子式的黎元洪碰到武昌起義是也。所以孔丘之成名，即令不由於他是大人物，也必由於他借到大題目，總不會沒有原因的。

不特孔丘未曾刪定六經，即令刪定，這也並不見得就是他成大名的充足理由。在衰敗的六朝，雖然窮博士，後來也以別的緣故做起了皇帝。然當天漢盛世，博士的運動尚且是偏於乘障落頭一方面；有人一朝失足於六藝，便至於終其身不得致公卿。只是漢朝歷史是司馬氏班氏寫的，頗為儒生吹吹，使後人覺得「像煞有介事」罷了。但有時也露了馬腳，所謂「主上所戲弄，流俗所輕，優倡之所蓄」也。何況更在好幾百年以前。所以孔丘即令刪述六經，也但等於東方朔的誦四十四萬言，容或可以做哀公的倖臣，尚決不足做季氏的冢宰，更焉有馳名列國的道理。

現在我們捨去後來無限的孔子追加篇，但憑《論語》及別的不多的記載，也可以看出一個線索來。我們說，孔丘並不以下帷攻《詩》、《書》而得勢，他於《詩》、《書》的研究與瞭解實在遠不及二千四百年後的顧頡剛，卻是以有話向諸侯說而得名。他是遊談家的前驅。遊談家靠有題目，遊談家在德謨克拉西的國家，則為演說家，好比雅典的 demosthenes，羅馬的 cicero，都不是有甚深學問，或甚何 originality 的人。然而只是才氣過人，把當時時代背景之總彙抓來，做一個大題目去吹播，於是乎「太山北斗」，公卿折節了。

孔丘就是這樣。然則孔丘時代背景的總彙是什麼？我想這一層《論語》上給我們一個很明白的線索。周朝在昭穆的時代尚是盛的時候，後來雖有一亂，而宣王弄得不壞。到了幽王，不知為何原因，來了一個忽然

的瓦解，如漁陽之變樣的。平王東遷後的兩個局面，是內面上陵下借，「團長趕師長，師長趕督軍」，外邊是四夷交侵，什麼「紅禍白禍」，一齊都有。

這個局面的原始，自然也很久了；但成了一個一般的風氣，而有造成一個普遍的大劫之勢，恐怕是從這時起。大夫專政，如魯之三桓，宋之華氏，都是從春秋初年起。晉以殺公族，幸把這運命延遲上幾世（其實曲沃並晉已在其時，而六卿增勢也很快），至於非文化民族之來侵，楚與魯接了界，而有滅周宋的形勢；北狄滅了邢衛，殖民到伊川，尤其有使文化「底上翻」之形勢。應這局面出來的人物，便是齊桓，管仲，晉文，舅犯，到孔子時，這局面的迫逼更加十倍的利害，自然出來孔子這樣人物。一面有一個很好的當時一般文化的培養，一面抱著這個扼要的形勢，力氣充分，自然成名。你看《論語》上孔子談政治的大節，都是指這個方向。

說正名為成事之本，說三桓之子孫微，說陪臣執國命，論孟公綽，請討田氏，非季氏之兼併等等，尤其清楚的是那樣熱烈稱讚管仲。「管仲相桓公，九合諸侯……微管仲，吾其披髮左衽矣」。但雖然這般稱許管仲，而於管仲犯名分的地方還是一點不肯放過。這個綱目，就是內裡整綱紀，外邊攘夷狄，使一個亂糟糟的世界依然回到成周盛世的文化上，所謂「如有用我者，吾其為東周乎」。借用一位不莊者之書名。正以挪來說諸侯；也只有以這個題目的原故，列國的君覺著動聽，而列國的執政大臣都個個要趕他走路了。頡剛：你看我這話是玩笑嗎？我實在是說正經。

我明知這話裡有許多設定，但不這樣則既不能解孔子緣何得大名之謎，又不能把一切最早較有道理的孔子傳說聯合貫串起來。假如這個思想不全錯，則《春秋》一部書不容一筆抹殺，而《春秋》與孔子的各類關係不能一言斷其為無。現在我們對於《春秋》這部書，第一要問他是魯史否？

這事很好決定，把書上日食核對一番，便可馬上斷定他是不是當時的記載。便可去問，是不是孔子所筆削。現在我實在想不到有什麼確據去肯定或否定，現在存留的材料實在是太少了。

然把孔子「論其世」一下：連串其《論語》等等來，我們可以說孔子訂春秋，不固名為《春秋》或即是現在所存的「斷爛朝報」。即不然，在道理上當與現在的「斷爛朝報」同類。所以才有孟子的話。這書的思想之源泉，總是在孔子的。既認定綱領，則如有人說「孔子作春秋」，或者說「孔子後學以孔子之旨作春秋」，是沒有原理上的分別。

公羊家言亦是屢變。傳，繁露，何氏，各不同。今去公羊家之迂論與「泰甚」，去枝去葉，參著《論語》，旁邊不忘孟子的話，我們不免覺得，這公羊學的宗旨是一個封建制度正名的，確尚有春秋末的背景，確不類戰國中的背景，尤其不類漢。三世三統皆後說，與公羊本義無涉。大凡一種系統的偽造，必須與造者廣義的自身合拍，如古文之與新朝政治是也。公羊家言自然許多是漢朝物事，然他不泰不甚的物事實不與漢朝相干。

大凡大家看不起《春秋》的原因，都是後人以歷史待他的原故，於是乎有「斷爛朝報」之說。這話非常的妙。但知《春秋》不是以記事為本分，則他之為「斷爛朝報」不是他的致命傷。這句絕妙好詞，被梁任公改為「流水賬簿」，便極其俗氣而又錯了。

一、春秋像朝報而不像賬簿；二、流水賬簿只是未加整理之賬，並非斷爛之賬。斷爛之賬簿乃是上海新聞大家張東蓀先生所辦《時事新報》的時評，或有或無，全憑高興，沒有人敢以這樣的方法寫流水賬的。「史」之成一觀念，是很後來的。章實齋說六經皆史，實在是把後來的名詞，後來的觀念，加到古人的物事上而齊之，等於說「六經皆理學」一樣的不

通。且中國人於史的觀念從來未十分客觀過。

司馬氏班氏都是自比於孔子而作經。即司馬君實也是重在「資治」上。鄭夾漈也是要去貫天人的。嚴格說來，恐怕客觀的歷史家要從顧頡剛算起罷。其所以有魯之記載，容或用為當時貴族社會中一種倫理的設用，本來已有點筆削，而孔子或孔子後世借原文自寄其筆削褒貶，也是自然。我們終不能說《春秋》是絕對客觀。或者因為當時書寫的材料尚很缺乏，或者因為忌諱，所以成了《春秋》這麼一種怪文體，而不得不成一目錄，但提醒其下之微言大義而已。這類事正很近人情。

魯史紀年必不始於隱公，亦必不終於哀公，而春秋卻始於東遷的平王，補弒的隱公，終於獲麟或孔丘卒，其式自成一個終始。故如以朝報言，則誠哉其斷爛了，如以一個倫理原則之施作言，乃有頭有尾的。

孟子的敘詩和《春秋》雖然是「不科學的」，但這話雖錯而甚有注意的價值。從來有許多錯話是值得注意的。把詩和倫理混為一談，孔子時已成習慣了。孔子到孟子百多年，照這方面「進化」，不免到了「詩亡春秋作」之說。孟子說「其事則齊桓晉文，其文則史，其義則丘竊取之矣」。頭一句頗可注意。

以狹義論，《春秋》中齊桓晉文事甚少。以廣義論，齊桓晉文事為霸者之徵伐會盟，未嘗不可說《春秋》之「事則齊桓晉文」。孔子或孔子後人做了一部書，以齊桓晉文之事為題目，其道理可想。又「其文則史，其義則丘竊取之矣」。翻作現在的話，就是說，雖然以歷史為材料，而我用來但為倫理法則之施用場。

《春秋》大不類孟子的工具。如孟子那些「於傳有之」的秘書，湯之圍，文王之囿，舜之老弟，禹之小兒，都隨時為他使喚。只有這《春

秋》，大有些不得不談，談卻於他無益的樣子。如謂春秋絕殺君，孟子卻油油然發他那「誅一夫」，「如寇仇」，「則易位」的議論。如謂「春秋道名分」，則孟子日日談王齊。春秋之事則齊桓晉文，而孟子則謂「仲尼之徒無道桓文之事者」。這些不合拍都顯出這些話裡自己的作用甚少，所以更有資助參考的價值。

當年少數人的貴族社會，自然有他們的標準和輿論，大約這就是史記事又筆削的所由起。史決不會起於客觀的紀載事蹟；可以由宗教的意思，後來變成倫理道德的意思起，可以由文學的意思起。《國語》自然屬下一類，但《春秋》顯然不是這局面，孔子和儒宗顯然不是戲劇家。

總括以上的涉想，我覺得《春秋》之是否孔子所寫是小題，春秋傳說的思想是否為孔子的思想是大題。由前一題，無可取證。由後一題，大近情理。我覺得孔子以抓到當年時代的總題目而成列國的聲名，並不是靠什麼六藝。

孔子，六藝，儒家三者的關係，我覺得是由地理造成的。鄒魯在東周是文化最深密的地方。六藝本是當地的風化。所以孔子與墨子同誦詩書，向觀列國春秋。與其謂孔子定六藝，毋寧謂六藝定孔子，所以六藝實在是魯學。或者當時孔子有個國際間的大名，又有好多門徒，魯國的中產上流階級每引孔子以為榮，於是各門各藝都「自孔氏」。孔子一生未曾提過《易》，而商瞿未一見於《論語》，也成了孔門弟子了。孔門弟子列傳一篇，其中真有無量不可能的事。大約是司馬子長跑到魯國的時候，把一群虛榮心造成的各「書香人家」的假家譜抄來，成一篇「孔子弟子列傳」。我的意思可以最單簡如此說：六藝是魯國的風氣，儒家是魯國的人們；孔子所以與六藝儒家生關係，因為孔子是魯人。與其謂六藝是儒家，是孔學，毋寧謂六藝是魯學。

世上每每有些名實不符的事。例如後來所謂漢學，實在是王伯厚，晁公武之宋學；後來所謂宋學，實在是明朝官學。我想去搜材料，證明儒是魯學，經是漢定「今文亦然」。康有為但見新學有偽經，不見漢學有偽經。即子家亦是漢朝給他一個定訂。大約現行子書，都是劉向一班人為他定了次序的。《墨子》一部書的次敘，竟然是一個儒家而頗蕪雜的人定的；故最不是墨子的居最先。前七篇皆儒家書或是有道家言與墨絕端相反者（如太盛難寄），知大半子書是漢朝官訂本（此意多年前告適之先生，他未注意），則知想把古書古史整理，非清理漢朝幾百年一筆大賬在先不可也。

■ 三　在周漢方術家的世界中幾個趨向

我不贊成適之先生把記載《老子》，《孔子》，《墨子》等等之書呼作哲學史。中國本沒有所謂哲學。多謝上帝，給我們民族這麼一個健康的習慣。我們中國所有的哲學，盡多到蘇格拉底那樣子而止，就是柏拉圖的也尚不全有，更不必論到近代學院中的專技哲學，自貸嘉，來卜尼茲以來的。我們若呼子家為哲學家，大有誤會之可能。大凡用新名詞稱舊物事，物質的東西是可以的，因為相同：人文上的物事是每每不可以的，因為多是似同而異。現在我們姑稱這些人們（子家）為方術家。思想一個名詞也以少用為是。蓋漢朝人的東西多半可說思想了，而晚周的東西總應該說是方術。

禹，舜，堯，伏羲，黃帝等等名詞的真正來源，我想還是出於民間。除黃帝是秦俗之神外，如堯，我擬是唐國（晉）民間的一個傳說。舜，我擬是中國之虞或陳或荊蠻之吳民間的一個傳說。堯舜或即此等地方之君（在一時）。顓頊為秦之傳說，嚳為楚之傳說，或即其圖騰。帝是仿例以加之詞（始只有上帝但言帝），堯舜都是綽號。其始以民族不同方域隔膜而各稱其神與傳說；其後以互相流通而傳說出於本境，遷土則變，變則各種

之裝飾出焉。各類變更所由之目的各不同，今姑想起下列幾件：

（一）理智化──？一神秘之神成一道德之王。

（二）人間化──？一抽象之德成一有生有死之傳。又有下列一種趨勢可尋：

滿意於周之文化尤其是魯所代表者（孔子）

不滿意於周之文化而謂孔子損益三代者

舉三代盡不措意，薄徵誅而想禪讓，遂有堯舜的化身

此說又激成三派：

（1）並堯舜亦覺得大有人間煙火氣，於是有許由務光。──與這極端反背的便是「誅華士」，《戰國策》上請誅於陵仲子之論。

（2）寬容一下，並堯舜湯武為一系的明王。（孟子）

（3）爽性在堯舜前再安上一個大帽子，於是有神農，黃帝，伏羲等等。

這種和他種趨勢不是以無目的而為的。

上條中看出一個古道宗思想與古儒宗思想的相互影響，相互為因果。自然儒宗道宗這名詞不能安在孔子時代或更前，因為儒家一名不過是魯國的名詞，而道家一名必然更後，總是漢朝的名詞，或更在漢名詞「黃老」以後。《史記》雖有申不害學「黃老刑名以干昭侯」的話，但漢初所謂黃老實即刑名之廣義，申不害學刑名而漢人以當時名詞名之，遂學了黃老刑名。然而我們總可為這兩個詞造個新界說，但為這一段的備用。我們第一要設定的，是孔子時代已經有一種有遺訓的而又甚細密的文化，對這文化的處置可以千殊萬別，然而大體上或者可分為兩項：

一、根本是承受這遺傳文化的，但願多多少少損益於其中。我們姑名此為古儒宗的趨勢。

二、根本上不大承認，革命於其外。我們姑名此為古道宗的趨勢。

名詞不過界說的縮短，切勿執名詞而看此節。我們自不妨虛位的定這二事為 ab，但這種代數法，使人不快耳。造這些名詞如堯、舜、許由、務光、黃（這字先帶如許後來道士氣）帝，華士、神農，和《莊子》書中的這氏那氏，想多是出於古道宗，因為這些人物最初都含些道宗的意味。《論語》上的舜，南面無為。許行的神農，是並耕而食。這說自然流行也很有力，儒宗不得不取適應之法。除為少數不很要緊者造個謠言，說「這正是我們的祖師所誅」（如周公誅華士）外。大多數已於民間有勢力者是非引進不可了。便把這名詞引進，加上些儒家的意味。於是乎絕世的許由成了士師的皋陶（這兩種人也有共同，即是俱為忍人）；南面無為的舜，以大功二十而為天子；並耕的神農本不多事，又不做買賣，而易擊的神農「耒耨之利，以教天下」，加上做買賣，雖許子亦應覺其何以不憚煩也。

照儒宗的人生觀，文獻徵者徵之，本用不著造這些名詞以自苦；無如這些名詞先已在民間成了有勢力的傳說，後又在道宗手中成了寄理想的人物，故非取來改用不可。若道宗則非先造這些非歷史的人物不能資號召。既造，或既取用，則儒宗先生也沒有別法對付，只有翻著面過來說，「你所謂者正是我們的『於傳有之』，不過我們的真傳所載與你這邪說所稱名一而實全不同，詞一而謂全不同。」

反正彼此都沒有龜甲鐘鼎做證據，誰也莫奈得誰何。這種方法，恰似天王教對付外道。外道出來，第一步是不睬。不睬不能，第二步便是加以誅絕，把這書們加入「禁書錄」上。再不能，第三步便是揚起臉來說，「這

些物事恰是我們教中的」。當年如此對付希臘哲學，近世如此對付科學。天主教刑了蓋理律，而近中天文學算學在教士中甚發達。

我這一篇半笑話基於一個假設，就是把當年這般物事分為二流，可否？我想大略可以得，因為在一個有細密文化久年遺訓的社會之下，只有兩個大端：一是於這遺訓加以承認而損益之，一是於遺訓加以否認。一般的可把歐洲千年來的物事（直至十九世紀末為止）分為教會的趨向與反教會的趨向。

何以必須造這一篇半笑話？我想，由這一篇半笑話可以去解古書上若干的難點。例如《論語》一部書，自然是一個「多元的宇宙」，或者竟是好幾百年「累層地」造成的。如「鳳鳥不至」一節，顯然是與緯書並起的話。但所說堯舜禹諸端，尚多是抽象以寄其理想之詞，不如孟子為舜、象做一篇「越人讓兄」、「陳平盜嫂」合劇。大約總應該在孟子以前，也應該是後來一切不同的有事蹟的人王堯舜禹論之初步。且看《論語》裡的堯舜禹，都帶些初步道宗的思想。堯是「無能名」，舜是「無為」。禹較兩樣些，「禹無間然」一段也頗類墨家思想之初步。然卑居處，薄食服，也未嘗違於道宗思想。至於有天下而不與，卻是與舜同樣的了。凡這些點兒，都有些暗示我們：堯舜一類的觀念起源應該在鄰於道宗一類的思想，而不該在鄰於儒宗一類的思想。

堯舜等傳說之起，在道理上必不能和禹傳說之起同源，此點顧剛言之詳且盡。我想禹與墨家的關係，或者可以如下：禹本是一個南方民族的神道，一如顧剛說。大約宗教的傳布，從文化較高的傳入文化較低的民族中，雖然也多，然有時從文化較低的傳到文化較高的，反而較易。例如耶穌教之入希臘羅馬；佛教之由北印民族入希臘文化殖民地，由西域入中國，回教之由亞剌伯入波斯（此點恐不盡由武力征服之力）。

　　大約一個文化的社會總有些不自然的根基，發達之後，每每成一種矯揉的狀態，若干人性上初基的要求，不能滿足或表現。故文化越繁豐，其中越有一種潛流，頗容易感受外來的風氣，或自產的一種與上層文化不合的趨向。佛教之能在中國流行，也半由於中國的禮教、道士、黃巾等，不能滿足人性的各面，故不如禮教道士黃巾等侷促之佛教，帶著迷信與神秘性，一至中國，雖其文化最上層之皇帝，亦有覺得中國之無質，應求之於印度之真文。

　　又明末天主教入中國，不多時間，竟沿行於上級士大夫間，甚至皇帝受了洗（永曆皇帝），滿洲時代，耶穌會士竟快成玄燁的國師。要不是與政治問題混了，後來的發展必大。道光後基督教之流行，也很被了外國經濟侵略武力侵略之害。假如天主耶穌無保護之強國，其銷路必廣於現在。我們誠然不能拿後來的局面想到春秋初年，但也難保其當年不有類似的情形。這一種禹的傳說，在頭一步傳到中國來，自然還是個神道。但演進之後，必然向別的方面走。大約墨家這一派信仰，在一般的社會文化之培養上，恐不及儒家，墨子雖然也道詩書，但這究竟不是專務雅言。這些墨家，抓到一個禹來作人格的標榜，難道有點類似佛教入中國，本國內自生宗派的意思嗎？

　　儒家不以孔名，直到梁漱溟才有孔家教；而墨家卻以墨名。這其中或者是暗示墨子造作，孔丘沒有造作，又墨經中傳有些物理學、幾何學、工程學、文法學、名學的物事。這或者由於當年儒家所吸收的人多半是些中上社會，只能談人文的故事，雅言詩書執禮。為墨家所吸收的，或者偏於中下社會，其中有些工匠技家，故不由得包含著這些不是閒吃飯的物事下來，並非墨家思想和這些物事有何等相干。大約晚周的子家最名顯的，都是些遊談之士，大則登卿相，小則為清客，不論其為是儒家或道家，孟

軻或莊周。儒家是吸收不到最下層的，頂下也是到士為止。道家也是 lei-sured 階級之清談。但如許行等等卻很可以到了下層社會。墨家卻非行到下層社會不為功。又墨家獨盛於宋，而戰國子家說到傻子總是宋人，這也可注意。或者宋人當時富於宗教性，非如周鄭人之有 sophistry 鄒魯人之有 conventional ？

　　至於漢朝思想趨勢中，我有兩個意思要說。一、由今文到緯書是自然之結果。今文把孔子抬到那樣，舍成神道以外更無別法。由《易經》到緯書不容一發。今文家把他們的物事更民間化些，更可以共喻而普及，自然流為緯學。信今文必信孔子之超人入神；信孔子如此加以合俗，必有禎祥之思想。二、由今文及動出古文，是思想的進步。造偽經在現在看來是大惡，然當時人藉此寄其思，誠恐不覺其惡，因為古時著作人觀念之明白決不如後人重也。但能其思想較近，不能以其造偽故而泯其為進步。古文材料雖偽，而意思每比今文合理性。

　　不及詳敘，姑寫為下列兩表：

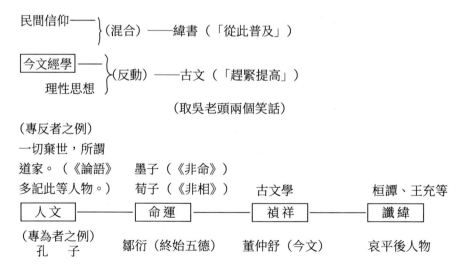

民間信仰──────┐
　　　　　　　　├（混合）──緯書（「從此普及」）
　┌─────┐　┘
　│今文經學│──┐
　└─────┘　├（反動）──古文（「趕緊提高」）
　　理性思想──┘
　　　　　　　　　（取吳老頭兩個笑話）

（專反者之例）
一切棄世，所謂
道家。（《論語》　墨子（《非命》）
多記此等人物。）　荀子（《非相》）　　古文學　　　　桓譚、王充等

人　文	命　運	禎　祥	讖　緯

（專為者之例）
　孔　子　　　鄒衍（終始五德）　董仲舒（今文）　哀平後人物

■ 四 殷周間的故事

十年前，我以子貢為紂申冤一句話，想起桀紂傳說之不可信，因疑心桀紂是照著幽王的模型造的，有褒姒故有妲己等等。這固是少時一種怪想。後來到英國，見英國爵雖五等而非一源，因而疑心中國之五等爵也有參差，有下列涉想（德國爵亦非一源）。

公 公不是爵名，恐即與「君」字同義。三公周召宋公及王畿世卿都稱公，而列國諸侯除稱其爵外亦稱公。公想是泛稱人主之名，特稍尊耳。猶英語之 lord 一稱，自稱上帝以至於世族無爵者之妻或僕稱其夫或主。如德國語之 herr 亦自上帝稱到一切庶人。宋是殷後，王號滅猶自與周封之諸侯不同，故但有泛稱而無諸侯之號。其所以列位於會盟間次於伯而先於其他一切諸侯者，正因其為殷後，不因其稱公。如若傳說，一切諸侯自稱公為僭，則魯頌「乃命周公，俾侯於東」，豈非大大不通。

子 遍檢春秋之子爵，全無姬姓（除吳）。姬姓不封子；而封子爵者，凡有可考，立國皆在周前，或介戎狄，不與中國同列。莒子，郯子，邾子，杞子，古國也。潞子，驪子，不與中國之列者也。楚子，一向獨立之大國也。吳子雖姬姓，而建國亦在周前。見殷有箕子微子，我遂疑子是殷爵，所謂子自是王子，同姓之號，及後來漸成諸侯之號，乃至一切異姓亦如此稱。我疑凡號子者大多是殷封之國，亦有蠻夷私效之。要均與周室無關係。（吳子楚子解見後。）

且看子一字之降級：

諸侯 —— 微子，箕子。

諸侯之大夫 —— 季文子，趙簡子。

士人 —— 孔子，孟子。

乃至於 ── 小子，婡子。

這恰如老爺等名詞之降級。明朝稱閣學部院曰老爺，到清朝末年雖縣知事亦不安於此而稱大老爺。

至於侯，我們應該先去弄侯字古來究如何寫法，如何講法。殷亦有鬼侯，鄂侯，崇侯；鬼，鄂，崇，皆遠方之邑，或者所謂侯者如古德意志帝國（神聖羅馬帝國）之邊侯（markgraf）。在殷不特不見得侯大於子，而且微子箕子容或大於鬼侯鄂侯。周定後，不用子封人而一律用侯。以「新鬼大，故鬼小」之義，及「周之宗盟，異姓為後」之理，侯遂跑到子上。

同姓侯甚多，凡姬姓的非侯即伯。其異姓之侯，如齊本是大國，另論；如陳是姻戚，如薛也是周「先封」，都是些與周有關係的。

伯 這一件最奇。伯本與霸同字，應該很大。且受伯封者，如燕伯，召公之國也。如曹伯，「文之昭也」。如鄭伯，平王依以東遷者也。如秦伯，周室留守，助平王東遷者也。然而爵均小於侯，豈不可怪。我疑心伯之後於侯，不是由於伯之名後於侯，而是由於封伯爵者多在後；或者伯竟是一個大名，愈後封而號愈濫，遂得大名，特以後封不能在前耳。

男 苦想只想到一個許男，或者由來是諸侯之諸侯？

以上的話只是憑空想，自然不能都對，但五等爵決非一源，且甚參差耳。

太伯入荊蠻，我疑心是倫常之變。倫常之變，本是周室「拿手好戲」，太王一下，周公一下。平王又一下。因太伯不得已而走，或者先跑到太王之大仇殷室，殷室封他為子爵，由他到邊疆啟土，所以武王伐紂時特別提出這件事，「唯四方之多罪逋逃是崇是用」。言如此之痛，正因有他之伯祖父在也。（《牧誓》亦正不可信，此地姑為此戲想耳。）吳既不在周列，周

亦莫奈他何，遂於中國封虞。吳仍其子爵，至於壽夢。吳民必非中國種，只是君室為太伯虞仲後耳。虞仲應即是吳仲。

齊太公的故事，《史記》先舉三說而不能斷。我疑心齊本是東方大國，本與殷為敵，而於周有半本家之雅（厥初生民，時惟姜嫄），又有親戚（爰及姜女，聿來胥宇），故連周而共敝殷。《商頌》「相土烈烈，海外有截」，當是有湯前已有了北韓遼東，久與齊逼。不然，箕子以敢喪之餘，更焉能越三千里而王朝鮮；明朝鮮本殷地，用兵力所不及，遂不臣也。齊於周諸侯中受履略大，名號最隆——尚父文王師一切傳說，必別有故。且《孟子》、《史記》均認齊太公本齊人，後來即其地而君之。且《史記》記太公世家，太公後好幾世，直到西周中晚，還是用殷法為名，不同周俗，可見齊自另一回事，與周之關係疏稀。《檀弓》所謂太公五世返葬於周，為無稽之談也。（如果真有這回事，更是以死骨為質的把戲。）齊周夾攻殷，殷乃不支，及殷被堪定，周莫奈齊何，但能忙於加大名，而周公自命其子卜鄰焉。

世傳紂惡，每每是紂之善。紂能以能愛亡其國，以多力亡其國，以多好亡其國，誠哉一位戲劇上之英雄，雖 siegfried 何足道哉。我想殷周之際事可作一齣戲，紂是一大英雄，而民疲不能盡為所用，紂想一削「列聖恥」，討自亹父以下的叛虜，然自己多好而縱情，其民老矣，其臣迂者如比干，鮮廉寡恥如微子，箕子則為清談，諸侯望包藏陰謀，將欲借周自取天下，遂與周合而夾攻，紂乃以大英雄之本領與運命爭；終於不支，自焚而成一壯烈之死。周之方面，毫無良德，父子不相容，然狠而有計算，一群的北虜自有北虜的品德。齊本想不到周能聯一切西戎南蠻，《牧誓》一舉而定王號。及齊失望，尚想武王老後必有機會，遂更交周。不料後來周公定難神速，齊未及變。周公知破他心，遂以伯禽營少昊之墟。至於箕子，

於亡國之後，尚以清談歸新朝，一如王夷甫。而微子既如譙周之勸降，又覺紂死他有益耳。

這篇笑話，自然不是辯古史，自然事實不會如此。然遺傳的殷周故事，隆周貶紂到那樣官樣文章地步，也不見得比這笑話較近事實。

越想越覺世人貶紂之話正是頌紂之言。人們的觀念真不同；偽孔五子之歌上說，「內作色荒，外作禽荒，甘酒嗜音，峻宇雕牆」，此正是歐洲所謂 prince 之界說，而東晉人以為「有一必亡」。內作色荒是聖文，外作禽荒是神武，甘酒嗜音是享受文化，峻宇雕牆是提倡藝術，有何不可，但患力不足耳。

周之號稱出於後稷，一如匈奴之號稱出於夏氏。與其信周之先世曾竄於戎狄之間。毋寧謂周之先世本出於戎狄之間。姬姜容或是一支之兩系。特一在西，一在東耳。

魯是一個古文化的中心點，其四圍有若干的小而古的國。曲阜自身是少昊之墟。昊容或為民族名，有少昊必有太昊，猶大宛小宛，大月氏小月氏也。我疑及中國文化本來自東而西：九河濟淮之中，山東遼東兩個半島之間，西及河南東部，是古文化之淵源。以商興而西了一步，以周興而更西了一步。不然，此地域中何古國之多也。齊容或也是一個外來的強民族，遂先於其間成大國。

齊有齊俗，有齊宗教，雖與魯近，而甚不同。大約當年鄒魯的文化人士，很看不起齊之人士，所以孟子聽到不經之談，便說是「齊東野人之語也」，而笑他的學生時便說：「子誠齊人也，知管仲晏子而已矣」，正是形容他們的坐井觀天的樣子。看來當年齊人必有點類似現在的四川人，自覺心是很大的，開口蘇東坡，閉口諸葛亮，誠不愧為夜郎後世矣。魯之儒

家，迂而執禮。齊之儒家，放而不經。如淳于鄒衍一切荒唐之詞人，世人亦謂為儒家。

荊楚一帶，本另是些民族，荊或者自商以來即是大國，亦或者始受殷號，後遂自立。楚國話與齊國話必不止方言之不同，不然，何至三年莊嶽然後可知。孟子罵他們舌，必然聲音很和北方漢語不類。按楚國話語存在者，只有「謂乳，穀；謂虎，於菟」一語。乳是動詞，必時有變動；而虎是靜詞，尚可資用。按吐蕃語虎為 stag，吐蕃語字前之 s 每在同族語中為韻，是此字易有線索，但一字決不能為證耳。又漢西南夷君長稱精夫，疑即吐蕃語所謂 rgyal-po，唐書譯為贊普者。《漢書・西南夷傳》有幾首四字詩對記，假如人能精於吐蕃語太語緬甸語，必有所發現。這個材料最可寶貴。楚之西有百濮，今西藏自稱曰濮。又蠻闔等字音在藏文為人，或即漢語民字之對當？總之，文獻不足，無從徵之。

秦之先世必是外國，後來染上些晉文化，但俗與宗教想必同於西戎。特不解西周的風氣何以一下子精光？

狄必是一個大民族。《左傳》、《國語》記他們的名字不類單音語。且說到狄，每加物質的標記，如赤狄，白狄，長狄等等。赤白又長，竟似印度日耳曼族的樣子，不知當時吐火羅等人東來，究竟達到什麼地方。

應該是中國了，而偏和狄認親（有娀，簡狄）。這團亂糟糟的樣子，究竟誰是諸夏，誰是戎狄？

中國之有民族的，文化的，疆域的一統，至漢武帝始全功，現在人曰漢人，學曰漢學，土曰漢土，俱是最合理的名詞，不是偶然的。秦以前本不一元，自然有若干差別。人疑生莊周之土不應生孔丘。然如第一認清中國非一族一化，第二認清即一族一化之中亦非一俗，則其不同亦甚自然。

秦本以西戎之化，略收點三晉文俗而統一中國。漢但接秦，後來魯國齊國又漸於文化上發生影響。可如下列看：

統一中國之國家者 —— 秦。

統一中國之文教者 —— 魯。

統一中國之宗教者 —— 齊。

統一中國之官術者 —— 三晉。

此外未得發展而壓下的東西多得很啦。所以我們覺得漢朝的物事少方面，晚周的物事多方面。文化之統一與否，與政治之統一與否相為因果；一統則興者一宗，廢者萬家。

■ 五　補說（《春秋》與《詩》）

承頡剛寄我《古史辨》第一冊，那時我已要從柏林起身，不及細看。多多一看，自然不消說如何高興讚歎的話，前文已說盡我所能說，我的沒有文思使我更想不出別的話語來說。現在只能說一個大略的印象。

最可愛是那篇長敘，將來必須更仔細讀他幾回，後面所附著第二冊擬目，看了尤其高興，盼望的巴不得馬上看見。我尤其希望的是頡剛把所辨出的題目一條一條去仔細分理，不必更為一般之辨，如作「原經」一類文章。從第二冊擬目看來，頡剛這時注意的題目在《詩》，稍及《書》。希望頡剛不久把這一堆題目弄清楚，俾百詩的考偽孔後更有一部更大的大觀。

我覺得《春秋三傳》問題現在已成熟。可以下手了。我們可以下列的路線去想：

（一）《春秋》是不是魯史的記載？這個問題很好作答，把二百多年中所記日食一核便妥了。

（二）《左氏》經文多者是否劉歆偽造？幸而哀十四年有一日食，且去一核，看是對否。如不對，則此一段自是後人意加。如對，則今文傳統說即玄同先生所不疑之「劉歆偽造」墮地而盡。此點關係非常之大。

（三）孔子是否作《春秋》？此一點我覺得竟不能決，因沒有材料。但這傳說必已很久，而所謂公羊春秋之根本思想實與《論語》相合。

（四）孟子所謂《春秋》是否即今存之斷爛朝報？此一段並非不成問題。

（五）《春秋》一名在戰國時為公名，為私名？

（六）《公羊傳》思想之時代背景。

（七）《公羊》大義由《傳》，《繁露》，到何氏之變遷，中間可於斷獄取之。

（八）《穀梁》是仿《公羊》而制的，或者是一別傳？

（九）《史記》與《國語》的關係。

（十）《史記》果真為古文家改到那個田地嗎？崔君的黨見是太深的，決不能以他的話為定論。

（十一）《左氏傳》在劉歆製成定本前之歷史。此一端非常重要。《左傳》決不是一時而生，諒亦不是由劉歆一手而造。我此時有下一個設想：假定漢初有一部《國語》，又名《左氏春秋》，其傳那個斷爛朝報者實不能得其解，其間遂有一種聯想，以為《春秋》與《國語》有關係，此為第一步。不必兩書有真正之銀丁扣，然後可使當時人以為有關係，有此傳說，亦可動當時人。太史公恐怕就是受這個觀念支配而去於《史記》中用其材料的，這個假設小，康崔諸君那個假設太大。公羊學後來越來越盛，武帝時幾乎成了國學。反動之下，這傳說亦越進化，於是漸漸的多人為《國

語》造新解，而到劉向劉歆手中，遂成此「左氏傳」之巨觀。古文學必不是劉歆一手之力，其前必有一個很長的淵源。且此古文學之思想亦甚自然。今文在當時成了斷獄法，成了教條，成了讖緯陰陽，則古文之較客觀者起來作反動，自是近情，也是思想之進化。

（十二）《左傳》並不於材料上是單元。《國語》存本可看出，《國語》實在是記些語。《左傳》中許多並不是語，而且有些矛盾的地方。如呂相絕秦語文章既不同，而事實又和《左傳》所記矛盾。必是當年作者把《國語》大部分採來做材料，又加上好些別的材料，或自造的材料。我們要把他分析下去的。

（十三）《左傳》、《國語》文字之比較。《左傳》、《國語》的文字很有些分別，且去仔細一核，其中必有提醒人處。

（十四）東漢《左氏》傳、說之演進。《左氏》能勝了《公羊》，恐怕也有點適者生存的意思。今文之陋而誇，實不能滿足甚多人。

（十五）古《竹書》之面目。

現在我只寫下這些點。其實如是自己作起功來，所有之假設必然時時改變。今文古文之爭，給我們很多的道路和提醒。但自莊孔劉宋到崔適，都不是些極客觀的人物，我們必須把他所提醒的道路加上我們自己提醒的道路。

現在看詩，恐怕要但看白文，訓詁可參考而本事切不可問。大約本事靠得住的如《碩人》之說莊姜是百分難得的；而極不通者一望皆是。如君子偕老為刺衛宣姜，真正豈有此理。此明明是稱讚人而惜其運命不濟，故曰「子之不淑」，猶云「子之不幸」。但論白文，反很容易明白。

詩的作年，恐怕要分開一篇一篇地考定，因為現在的「定本」，樣子

不知道經過多少次的改變，而字句之中經流傳而改變，及以今字改古字，更不知有多少了。頌的作年，古文家的家論固已不必再討論。玄同先生的議論，恐怕也還有點奉今文家法罷？果如魏默深的說法，則宋以泓之敗績為武成，說「深入其阻，裒荊之旅」，即令自己不硯厚臉皮，又如何傳得到後人。且殷武之武，如為抽象詞，則哀公亦可當之，正不能定。如為具體詞，自號武王是湯號。且以文章而論，《商頌》的地位顯然介於鄒魯之間，《周頌》自是這文體的初步，《魯頌》已大豐盈了。假如作《商頌》之人反在作《魯頌》者之後，必然這個人先有摹古的心習，如宇文時代《制誥》仿《大誥》，《石鼓》仿《小雅》，然後便也。但即令宋人好古，也未必有這樣心習。那麼，商頌果真是哀公的東西，則魯頌非僖公時物了。玄同先生信中所引王靜庵先生的話，「時代較近易於摹擬」，這話頗有意思，並不必如玄同先生以為臆測。或者摹擬兩個字用得不妙。然由周頌到商頌，由商頌到魯頌，文體上詞言上是很順敘，反轉則甚費解。

《七月》一篇必是一遺傳的農歌；以傳來傳去之故，而成文句上極大之corruption，故今已不順理成章。這類詩最不易定年代，且究是《豳風》否也未可知。因為此類農歌，總是由此地傳彼地。《鴟鴞》想也是一個農歌；為鳥說話，在中國詩歌中有獨無偶。東山想系徂東征戍者之詞，其為隨周公東徵否則未可知。但豳風的東西大約都是周的物事，因為就是《七月》裡也有好些句與《二南》、《小雅》同。《大雅》、《小雅》十年前疑為是大京調小京調。風雅本是相對名詞，今人意云雅而曰風雅，實不詞（杜詩「別裁偽體親風雅」），今不及詳論矣。

破斧恐是東徵罷敝國人自解之言如是。後人追敘，恐無如此之實地風光。破斧如出後人，甚無所謂。下列諸疑擬釋之如下：

如云是周公時物，何以《周誥》如彼難解，此則如此易解：答，誥是

官話，這官話是限於小範圍的，在後來的語言上影響可以很小。詩是民間通俗的話，很可以為後來通用語言之所自出。如蒙古白話上諭那末不能懂，而元曲卻不然，亦復一例。且官書寫成之後，便是定本，不由口傳。詩是由口中相傳的，其陳古的文句隨時可以改換，故顯得流暢。但雖使字句有改換，其來源卻不以這字句的改換而改換。

周公東徵時稱王，何以……（未完）

抄到此地，人極倦，而船不久停，故只有付郵。尾十多張，待於上海發。

抄的既潦草，且我以多年不讀中國書後，所發議論必不妥者多，妥者少。希望不必太以善意相看。

頡剛案：傅孟真先生此書，從 1924 年 1 月寫起，寫到 1926 年 10 月 30 日船到香港為止，還沒有完，他歸國後，我屢次催他把未完之稿寫給我；無奈他不忙便懶，不懶便忙，到今一年餘還不曾給我一個字。現在週刊需稿，即以此書付印。未完之稿，只得過後再催了。書中看不清的草書字甚多，恐有誤抄，亦俟他日校正。

一九二八、一、二

（原文刊載於 1928 年 1 月

《國立中山大學語言歷史學研究所週刊》第二集第十三、十四期）

傅斯年的春秋策 —— 先秦諸子與史記評述：

話說先秦！諸子百家與史記之間的學術論辯

作　　者：傅斯年
發 行 人：黃振庭
出 版 者：複刻文化事業有限公司
發 行 者：複刻文化事業有限公司
E-mail:sonbookservice@gmail.com
粉 絲 頁：https://www.facebook.com/sonbookss/
網　　址：https://sonbook.net/
地　　址：台北市中正區重慶南路一段 61 號 8 樓
8F., No.61, Sec. 1, Chongqing S. Rd., Zhongzheng Dist., Taipei City 100, Taiwan

電　　話：(02)2370-3310
傳　　真：(02)2388-1990
印　　刷：京峯數位服務有限公司
律師顧問：廣華律師事務所 張珮琦律師
定　　價：350 元
發行日期：2024 年 06 月第一版
◎本書以 POD 印製

國家圖書館出版品預行編目資料

傅斯年的春秋策—先秦諸子與史記評述：話說先秦！諸子百家與史記之間的學術論辯 / 傅斯年 著 . -- 第一版 . -- 臺北市：複刻文化事業有限公司，2024.06
面；　公分
POD 版
ISBN 978-626-7426-83-8(平裝)
1.CST: 先秦哲學 2.CST: 文集
121.07 113006926

電子書購買

爽讀 APP

臉書